La sorcellerie(magie)

A fait chasser

L' homme d' eden

Cette lettre d' akini est le signe d'amour que DIEU a pour les sorciers, les magiciens, les féticheurs, ceux qui pratiquent les intérdits etc...*DIEU* ouvre ses mains pour leurs récevoir dans son royaume d' amour.

Moi aussi je vous aime et mon Coeur désire vous voir dans le royaume de paix.

Personne est autorisée à copier ce livre pour raison de commerce. Achetez-vous la copie et gardez-la dans votre Coeur!

Auteur: Pasteur Akini tenzapa Dieudonne

Titre:" La sorcellerie (magie)

    A fait chasser

    L' homme d 'eden"

© 2019, AKINI DIEUDONNE

Facebook.com/TenzapaAkini

Twitter.com/TenzapaAkini

Facebook/Page: TenzapaAkiniHouse

AKINI -TENZAPA DIEU-DONNE, né le 28.mai.1979 appelé à servir le Seigneur JESUS-CHRIST par la volonté DU DIEU VIVANT à tous ceux qui sont en CHRIST ,à ceux qui se conduisent selon le train de ce monde ,à ceux qui prient des statues, à ceux qui servent satan par conscience et ignorance, que la grâce DE DIEU qui a fait toutes choses, le monde et tout ce qu il renferme; que LE DIEU qui a fait les anges et tous les anges qui se sont révoltés à lui c est a dire satan et ses démons; que LE DIEU qui vie aux siècles de siècles soit avec vos coeurs!

La lettre d' akini n'est pas écrite pour juger mais plutôt pour apporter LA VRAIE LUMIERE qui vient de celui qui nous a crée selon leur image et leur ressamblence.

LE DIEU créateur aime tout le monde:

Africains, Europeens, Americains, Océaniques, Asiatiques! Il fait pleuvoir sur les bons et les méchants.

La lecture entière de la lettre d 'akini volume 2 t' ouvriras les yeux pour découvrir la volonté de celui qui écrase le diable, satan aux siècles de siècles!

La lettre d' akini v2 t' amèneras aussi d' acquerir certaines connaissances:

1. Comment résister le diable!

2. 3 tentations du diable!

3. l' impact de la prière que le Seigneur Jesus nous Montré!

4. la vraie raison qui a poussée DIEU à donner ABRAHAM un pays qui appartenait à d'autres Nations!

5. est-il un péché de boire l'alcool?

6. pourquoi la noël existe t-elle?

7. pouvons-nous prier DIEU en forme d' image?

8. les africains, europeens, américains, Océanies, et toute l' asie, peuvent-ils Hériter la bénédiction d Abraham, d Isaac Et de Jacob?

9. Etre juif est –il une assurance devant le Dieu d Abraham, d Isaac, et de Jacob pour le salut!

10. les cérémonies de la loi, sont-elle Abolies?

11. la circoncision qui donne le salut!

12. l' impact de la sainte -scène!

13. l 'impact du corps de JESUS-CHRIST

14. l'impact du sang de JESUS-CHRIST!

15. le vrai baptême d' eau!

16. l'impact du baptême d'esprit!

17. l'impact du baptême de feu!

18. l'impact du feu!

19. comment se fait la délivrance des Sorciers, magiciens, féticheurs, ceux qui Pratiquent les intérdits; "comment Se fait la résurrection d' un mort"

20. vous connaîtrez aussi Akini Dieudonne!

Tu connaitras pleins d' autres choses!

Le contenu de la lettre d'akini volume 2 sont les paroles que LE DIEU VIVANT a mis dans la bouche de son serviteur AKINI DIEUDONNE pour les écrire.

Celui qui croit que LE SAINT- ESPRIT parle aux hommes croit aussi à la lettre d' akini :

"La Sorcellerie

    (Magie)A Fait

Chasser L'Homme D'Eden"

Servez-vous de la sainte bible pour vérifier les écritures bibliques mentionnées!

Apprenez aussi que "le discours d' akini"

Sera publié à son temps! Cette fois-là: "Nous sommes comme DIEU Pour la connaissance de vie"

Ne le manquez pas aussi! Dieu a toujours fait plusqu avant! Je veux dire que LE SAINT ESPRIT parlera d' autres choses que vous n' avez pas entendu!

Ténons-nous à la main et disons:

Notre PERE qui est aux cieux! Que ton nom soit sanctifié; que ton règne vienne; que ta volonté soit faite sur la terre comme au ciel. Amen

Le volume 2 est le développement de la prémière lettre d' akini:" La Sorcellerie(Magie)A Fait Chasser L'Homme D'Eden."

Avant de parler du volume 2, j' aimerais d' abord faire la récapitulation de la prémière lettre d' akini:

"La Sorcellerie

    (Magie)A Fait

Chasser L'Homme D'Eden.

Plusieurs raisons ont été avancées du fait que DIEU chassa l'homme et sa femme du jardin; mais ensemble, j aimerais que nous analysions dans la bible ce qui s' est réellement passée dans le jardin.

Genèse3:4-5. alors le serpent dit à la femme vous ne mour Rez point mais DIEU sait que le jour où vous En mangerez vos yeux s' ouvrirons et que vous Serez comme de dieux connaissant le bien et Le mal.

Le serpent en question est le diable (satan). APOCALYPSES 12:9. Dans ses paroles nous voyons que le diable offrait un pouvoir à la femme qui n' était pas DE DIEU et un pouvoir qui n'est pas DE DIEU est automatiquement du diable (satan), et comme nous le savons il y a deux maîtres: DIEU et satan

Frère(soeur) un sorcier ou un magicien a un pouvoir comme celui de dieux!

La sorcellerie, magie, fétichisme, etc..ce ne sont que les noms du pouvoir de satan!

GENESE 3:7- Les yeux de l'un et de l'autre s'ouvrirent selon les paroles du serpent!

GENESE 3:22 –DIEU a reconnu que l'homme avait un autre pouvoir en lui (le pouvoir diabolique)car il dira: voici l'homme est devenu comme l'un de nous pour la connaissance du bien et du mal.

Empêchons-le maintenant d'avancer sa main, de prendre de l'arbre d'en manger et de vivre étèrnellement.

Ici nous voyons clairement que l homme s' est séparé DE DIEU parcequ il avait un nouveau pouvoir en lui, ce que j appelle le pouvoir du diable (sorcellerie, magie, etc..)

Pourqoui DIEU placa t-il l arbre de connaissance

DE BIEN ET DU MAL DANS LE JARDIN?

Frère(sr) ce n' était pas la volonté DE DIEU de mettre l 'arbre dans le jardin, car DIEU est amour et ne tente jamais l homme. Jacques 1:13

L' idée venait du diable car il est le tentateur. 1THESSALONICIENS 3:5

Le diable souvent se tient devant DIEU pour avoir la pérmission de tenter les enfants DE DIEU.

       Job 1:6-12   job 2:1-7

Frère(sr), nous sommes à l 'époque ou satan présente avec force son pouvoir au monde: sorcellerie, magie, etc...

Frère(sr), nous vivons l' accomplissement d APOCALYPSES 13:16-18 où selon le déssein du diable tu dois appartenir à une science occulte pour le progrès, le succès. En effet toute personne appartenant à une science occulte (framacon, maicari, rosecroix, etc...) réçoit une marque (666) qui lui donne l' acces à la richesse du monde.

Frère(sr) le diable est entrain de partager la sorcellerie, magie. par force aux hommes, voilà pourquoi nous dévons nous élever à la face du monde pour enseigner aux hommes *D' ADORER LE SEUL DIEU VERITABLE ET VIVANT, LE CREATEUR DES CIEUX ET DE LA TERRE CELUI QUI VIT POUR L ETERNITE, L' ALPHA ET L' OMEGA L' ETERNAL DES ARMEES D'OU VIENT LE CHRIST LE SAUVEUR DU MONDE JESUS.*

POURQUOI DIEU EST-IL CONTRE SORCELLERIE(MAGIE)?

Dieu est contre la magie(sorcellerie) parcequ' elle amène l' homme à ne penser que du mal pour son prochain et à vivre en abomination devant DIEU.

Frère(sr)toi qui sers satan par la sorcellerie, magie, sciènce occulte, etc...sache que tu es dans une grosse erreur,car dans le diable il n y a pas l' amour.

Ecoute! Le diable te rend riche non parcequ il t' aime mais plutôt il veut que tu sois détruit avec lui au jugement dernier. APOCALYPSES 20:7-10.   APOCALYPSES 20:11-15

 Mon frère! Je veux te présenter DIEU et satan et j aimerais que ta conscience réagisse à la question suivante:

QUI EST BON ENTRE DIEU ET SATAN?

-DIEU dit tu ne tueras point, mais satan te démande de tuer ton frère ou ta mère ou ta soeur ou ton enfant pour la promotion, le succès, la fortune etc...

-DIEU dit tu ne commettras point d' adultère, mais le diable te pousse à le commettre avec une fille de 7 ans-10ans pour la promotion, succès, fortune, etc..

-DIEU dit tu ne découvriras pas la nudité de ton père, de ta mère, ton frère, de ta soeur, de ton oncle, de ton enfant, de tante mais le diable te demande de le faire pour la promotion,le succès,la fortune etc..

-DIEU dit tu ne coucheras pas avec un homme comme on couche avec une femme mais le diable te l' oblige pour la promotion, le succès, la fortune, etc.. lévitique 18:22

-DIEU dit tu ne coucheras point avec une bête mais le diable te demande de le faire pour le pouvoir, la domination, le succès etc..lévitique 18:23

-DIEU dit à l homme d' être fécond et de se multiplier mais le diable le démande de détruire sa fécondité pour la fortune, succès, le pouvoir, la promotion etc...

Juste avec le déssus: qui est bon entre DIEU et satan?

-Moi, AKINI-DIEUDONNE, je préfèreDIEU car ses commandements sont meilleurs et pleins d 'amour.

Mon frère, ma soeur j 'aimerais que vous complétez la phrase ci-déssous!

En la complétant vous déclarez devant DIEU et satan qui est votre maître. MATTHIEU 6:24

NB: ne complétez pas l' autre feuille, peut-être vous serez animé d' une bonne fois de multiplier ces feuilles.

"MOI,..............................,Je préfère,............car ses commandements sont meilleurs et pleins d 'amour

QUE PEUT FAIRE UN SORCIER (MAGICIEN) POUR RÉPARER SA RÉLATION AVEC DIEU?

Frère(sr) DIEU est amour, il ne chèrche pas à détruire les sorciers(magiciens) mais plutôt il chèrche à épargner leurs âmes au jugement dérnier.

Frère(sr) tu dois prendre la décision d' abandonner le pouvoir diabolique et d' accepter le Seigneur JESUS-CHRIST pour ton Maitre, Seigneur et Sauveur car il est celui que DIEU a donné au monde afin tout celui (quelque soit l âge, le sexe, la couleur, la nationalité, le rang social, etc...) qui écoutera ses enseignements les mets en pratique vie étèrnellement. Jean 3:16

Frère(sr) tu as besoin de passer à la délivrance pour être libre du diable. Jean 8:36

Toi qui es sorcier ou sorcière, magicien ou magiciènne je sais que tu as des yeux qui peuvent voir les vrais serviteurs de DIEU, et pour cela tu ne peux qu' aller confésser tes péchés à l 'un de ces serviteurs pour connaître ta délivrance. 1 jean 1:9,   actes 19:18-19

Frère(sr) ne sois pas incrédule, donne ta vie au Seigneur JESUS-CHRIST car il est merveilleux et très très très, ...grand que satan et satan lui-même le sais. 2 chroniques 2:5   jean 10:29,   marc5:6-13

Ne crains pas, tu ne mourras pas si tu acceptes de confesser tes péchés car le Seigneur JESUS-CHRIST te protégera contre la mort (contre satan). Psaumes 97: 10.   jean 17:12

Que LE DIEU qui a mis sa parole dans ma bouche pour t'écrire sois ton pouvoir dès maintenant et à jamais.

"La sorcellerie(magie)

A fait chasser

L' homme d' eden"

Au commencement, la terre était informe et vide; il y avait des ténèbres à la surface de l' abime, et L' ESPRIT DE DIEU se mouvait au-déssus des eaux comme il est le cas à l heure actuelle.

La terre est encore remplie de ténèbres comme le jour du commencement; le diable s' impose à marquer de son sceau 666, le nom de la bête aux hommes comme il est écrit en APOCALYPSES13:16-18 et plus ploin le diable investi de la sorcellerie, (magie, fétichisme,...) aux enfants par les dessins animés.

Ecoutez! Le Seigneur JESUS a dit, vous avez appris qu' il a été dit tu ne Commettras point d 'adultère. Mais, moi je vous dis Que quiconque régarde une femme pour la convoiter A déjà commit avec elle l'adultère dans son Coeur. MATTHIEU 5:27-28

Frère(sr)! Remarquez dans de dessins animés, vous trouverez Plusieurs pratiques de la sorcellerie, magie, fétichisme etc...; et ses pratiques donnent l 'envie aux enfants d'avoir un pouvoir surnaturel. En concevant cette idée l' enfant dévient déjà une proie du diable

Lorsque je dis le monde est encore comme le jour du commencement, vous devez comprendre que l' esprit de DIEU chèrche là où habiter; il chèrche des hommes, femmes capable d' apporter LA VRAIE LUMIÈRE dans le monde; l ESPRIT DE DIEU chèrche celui qui peut manger la chair du FILS DE L' HOMME et boire le sang du FILS DE L HOMME et qui peut enseigner aux hommes de faire le même. Ne soyez pas étonné en lisant cela car c 'était par une nourriture que l homme a été corrompu, et de même par une nourriture que l homme sera restauré.

Dieu créa la terre puisqu'il avait l' idée de créer l homme; et si je peux me corriger il avait l 'idée de crée un "Dieu" comme lui.

Puis DIEU dit: faisons l' homme à notre image et selon notre ressemblance, et qu'il domine sur les poissons de la mer, sur le bétail, sur toute la terre, et sur
tous les réptiles qui rampents sur la terre.
Génèse1:26

Dans ce passage, vous verrez que DIEU n' a pas seulement crée l' homme selon leur image mais aussi selon leur ressemblance.

Frère (sr) avant de continuer, je veux répondre à ta question:

Q/ qui était avec DIEU car tu dis selon leur image, selon ressemblance?

-DIEU était avec son fils JESUS-CHRIST. L homme est crée a l'image de DIEU et de JESUS; DIEU et JESUS sont un . JEAN 10:30

Quand DIEU créa la terre selon GENESE, le diable(satan)éxistait déjà. Mais avant d' être satan, il avait le nom de Lucifer.LUCIFER fut un chérubin protécteur, il mettait le sceau à la pérfection, il était plein de sagesse, parfait en béauté. Il était en eden, le jardin de DIEU il était couvert de toute espèce de pierres précieuses.des tambourins et des flùtes étaient à son service, préparés pour le jour où il fut crée. Dieu l' avait placé sur la sainte montagne de DIEU; il était intègre dans ses voies, jusqu 'au jour où l iniquité a été trovée chez lui. EZECHIEL 28:11-15

Frère(sr) dans ce passage nous voyons que DIEU est l' origne de Lucifer. Dieu avait beaucoup aimé Lucifer voilà pouquoi il lui avait donné une gloire plusque tous les anges. Et Lucifer à cause de la gloire qu il avait réçu de DIEU s' opposa avec quelques anges et DIEU qui est la source du pouvoir, l'a jetté avec tous les anges qu ils l' ont suivi. Ezechiel 28:16-19 Apocalypses12:7-9, 12

Après sa chute satan qui était Lucifer met maintenant le sceau à la pérdition, la marque du diable 666, le nom de la bête pour déterminer ses enfants!

"Les esprits mauvais, les démons vivaient déjà sur la terre, dans les eaux, dans les aires avant que DIEU forme l' homme".

Frère(sr) si vous régardez bien, la création du monde selon GENESE est la deuxieme car dans EZECHIEL 28:13 DIEU parle dans la bouche de son prophète que Lucifer était en eden, le jardin de DIEU; il était couvert de toute espèce de pièrres précieuses, de sardoine, de topaze, de diamant, de chrysolithe, d' onyx, de jaspe, de saphir, d' escarboucle, d émeraude et d' or. Ne soyez pas étonné lorsque je dis la création du monde selon GENESE est la deuxieme; car ce monde aussi sera détruit pour qu' il ait un autre monde.

Quand DIEU dit: -que la lumière soit! Satan éxistait déjà. Genese1:3

-que la terre produise de la verdure, de l herBe portant de la semence, des arbres fruiTiers donnant du fruit selon leur espèce et Ayant en eux leur semence sur la terre! Satan éxistait déjà! Genese1:11

-que les eaux produisent en abondance des Animaux vivants, et que des oiseaux volent Sur la terre vers l' étendu du ciel. Satan Existait déjà! Genese1:20

Puis quand DIEU dit: - faisons l homme à notre image, selon notre ressemblance, satan existait toujours! Genese1:26

Je me souviens avoir dis dans LA PRÉMIERE LETTRE D AKINI que l' idée de mêttre L' ARBRE DE CONNAISSANCE DU BIEN et DU MAL dans le jardin venait du diable et que le diable se tient souvent devant DIEU pour avoir la pérmission de tenter les enfants de DIEU!

La création du monde selon GENESE se faisait aux yeux du diable et le diable était encore jaloux de l'homme puisque le jardin qui lui appartenait était remis à l' homme. L homme était devenu le chérubin protécteur du jardin. Par cet envie (jalousie) qu il se trouva l' arbre de connaissance du bien et du mal. GENESE 3: 4-5

Connaissance du bien et du mal "

Ecoute! Un sorcier quelque soit son âge (0 ans-....ans) con Nait comment juger! il connait les institutions de DIEU Qui condamnent l homme et les institutions qui justifient l' homme! Un sorcier est habité de l' esprit du diable, satan; etEtant donné que le diable a la bible en lui, automati-Quement un sorcier acquiert aussi cette connaissance sur Le bien et le mal. MATTHIEU 4:1-11

Les sorciers (magiciens) sont des juges pour le diable, ils se servent de cette connaissance du bien et du mal pour juger les hommes dans leurs péchés!

Lui-même le diable séduit les hommes et après son envoùtement, il condamne l 'homme, car le salaire du péché est la mort.

Dieu par son amour prévenant l 'homme de l arbre de la mort et l' homme se conformait à l instruction. Quelque temps après, DIEU forma une femme de la côte qu' il avait prise de l' homme. GENESE 2:23 Alors le serpent vint chez la femme!

Le serpent qui est le diable est très rusé et par sa ruse, il chèrche à obtenir avantage sur ceux qui ne sont pas solide dans la foi en DIEU. Apocalypses 12:9

Que faire Pour Résister satan?

N' aimez pas le monde ni les choses qui sont dans le monde. La convoitise de la chair, la convoitise des yeux, et l 'orgeuil de la vie sont le monde. 1 jean 2:14-17

Vous verrez que ces trois choses ont réagies dans la femme après le discours du diable.

*la convoitise de la chair – elle vit- l arbre était bon   A manger

*la convoitise des yeux-elle vit que- l arbre était agré-   Able à la vue

*l 'orgeuil de la vie- elle vit que- l arbre était précieux   Pour ouvrir l intelligence.

Les soucis de la vie donne l' accès au diable de détruire les âmes d' hommes.

Ne faut –il pas se soucier de la vie?

Si vous lisez dans le livre de matthieu 6:25-34 vous verrez que le seigneur Jesus-Christ s' addressait à une foule concernant les soucis et les inquiétudes et au verset 33-34 il dira ceci: cherchez prémièrement le royaume et la justice de DIEU; et toutes ces choses vous seront données par-déssus. Ne vous inquiéter donc pas du lendemain; car le lendemain aura soin de lui-même. A chaque jour suffit sa peine.

Frère(sr) dans MATTHIEU6: 33-34: Le Seigneur JESUS nous fait comprendre que DIEU doit être la prémière place dans la vie d' une personne, car si tu mets DIEU à la première place dans ta vie quand bien-même tu seras sans emploie et que tes amis te proposent de s' allier à une scïence occulte pour obtenir d' emploie tu réfuseras de servir mammon.
MATTHIEU 6:24

Lorsque le diable te tente à pécher et que tu ne cèdes pas:

PAR EXAMPLE: - toi femme, tu souffres financièrement et qu un homme riche et marié te propose à être sa concubine et tu lui réfuses car tu sais que DIEU n' aime pas l' adultère.

-toi homme tu souffres financièrement et une femme riche et mariée,Te propose à être son copin et tu lui réfuses car tu sais que DIEU est contre l' adultère.

-un homme riche te propose à te faire pis, toi homme pour l'argent; tu lui réfuses car tu sais que l homosexualité est en abomination devant DIEU.

LÉVITIQUE 18:22 – tu ne coucheras pas avec un homme comme on couche avec une femme. c' est une abomination.

Toi qui es homosexual, apprends que DIEU t' aime aussi, mais il n' a pas crée l' homme pour avoir sexe avec un autre homme, voilà ce qu' il hait. Reviens en toi! Cours vers DIEU pour te délivrer de la semence du diable par la puissance de la croix de son FILS UNIQUE JESUS-CHRIST.

-une femme riche te propose à être sa femme, copine, toi femmne comme elle, tu lui réfuses car tu sais que cela est en abomination devant DIEU.

Dieu a crée la femme pour qu' elle soit femme à l' homme.

Toi qui es lesbienne apprends que DIEU t' aime aussi, mais il ne t' a pas crée pour te satisfaire avec une femme comme toi, voilà ce qu' il hait. Réviens en toi! Cours vers DIEU et la puissance de la croix de son fils JESUS-CHRIST te délivrera de la puissance du diable (semence du diable)

Lévitiques 18:23 – tu ne coucheras point avec une bête, pour Te souiller avec elle. La femme ne s' appro-Chera point d' une bête, pour se prostituer A elle. C' est une confusion. Lev20: 13-16

Dieu condamne de mort tous ceux qui ont changés l usage de sexe! Lévitiques 20: 13-16 et il a aussi donné LE SANG de JESUS-CHRIST pour ramèner à la vie ceux qui prennent la décision d' abandoner le mauvais usage de sexe.

Lorsque tu ne péches pas alors DIEU s' élevera et enverra un homme qui t' aimera et tu ne régretteras pas d être mariée! Dieu s' élèvera et te prospèrera financièrement!

Le passage de matthieu 6: 25-34 beaucoup de CHRETIENS se servent de cela pour nourrir leur parresse et je ne veux pas que tu sois leur emprunte!

Le Seigneur JESUS-CHRIST nous montre que tout ce que l homme croit qu' il ne peut que l' obtenir, par l' argent, DIEU est capable de lui donner sans pour autant utiliser l' argent.

Pour le confirmer, si vous montez en MATTHIEU 6:24 vous verrez que le Seigneur JESUS-CHRIST parlait de DIEU et de l' argent.

Apprends que tu peux t' habiller sans pour autant utiliser l argent, tu peux manger sans pour autant utiliser l'argent, tu peux être propriétaire d' une maison sans pour autant utiliser L argent, tu peux être propriétaire d' une boutique sans pour autant utiliser l' argent.

Ne sois pas parreuseux, celui qui ne travaille pas ne mange pas non plus.

NE FAUT IL PAS SE SOUCIER DE LA VIE?

Toute personne se soucie de la vie lorsqu elle est victime de la pauvrêté (réjection, souffrance, maladie,...).Mais ne laisse pas que les soucis et les inquiétudes dominent sur toi, car ils affecteront ta foi et tu pourrais courir au péché pour obtenir ce dont tu as besoin.

"La vie est plusque la nourriture!

Mon enfant! Ecoute la parole de ton père:

"si tu veux vivre soit prêt d' embrasser la mort"

"appèle la mort ami fidèle et tu seras épargné de la mort" .

Mon ami, c' est par la mort que tu obtiendras tes bésoins. Voilà pourquoi le Seigneur JESUS-CHRIST dira un jour:

"celui qui veut me suivre, prends sa croix et me suit".

Lorsque le diable vient tenter l'homme, il s assure à réussir dans sa mission! Il lui ferme toutes les portes pour l 'amener à l obéir.

Je tiens à vous informer qu' il y a 3 tentations du diable à l' homme.

1.sur les biens matériels

2.sur la chair

3. sur l' âme

Pour parler de 3 tentations du diable, j aimerais que nous utilisions ces passages de la bible:

Job 1:6-12

Job 2:1-7

Matthieu 4:1-11

1.TENTATION SUR LES BIENS MATÉRIELS

Job 1:6-12 – or les fils de DIEU vinrent un jour se présenter Devant l Eternel, et satan vint aussi au milieu D' eux. Et l ÉTERNEL dit à satan: d' ou viens-tu? Et satan répondit à l ÉTERNEL de parcourir la terre Et de m' y promener. L ÉTERNEL dit à satan: as-tu Rémarque mon serviteur job? Il n' y a personne Comme lui sur la terre: c' est un homme intrègre Et droit, craignant DIEU et se détournant du mal.

Et satan répondit à l Éternel: est-ce d une manière Désintéressé que job craint DIEU? Ne l' as-tu pas Protégé, lui, sa maison, et tout ce qui est à lui? Tu as béni l oeuvre de ses mains, et ses troupeaux Couvrent le pays. Mais étends ta main, touche à Tout ce qui lui appartient et je suis sûre qui Te maudit en face. L' ÉTERNEL dit à satan: Voici tout ce qui lui appartient, ne porte Pas la main sur lui.

Frère(sr), satan ne peut jamais aimer te voir en paix, en abondance, rassuré pour le salut; car de même il n a plus de place dans LE LIVRE DE VIE, il veut aussi te voir abscent de ce livre; voilà pourqoui il tente l' homme.

Job était intègre et droit bien que très riche, il craignait <u>DIEU</u> et se détournait du mal; à cause de son integrité, DIEU avait tenu un conseil avec ses fils sur job et satan vint aussi au milieu d' eux!

Quand tu plais beaucoup à DIEU par ta conduite, sa8che que DIEU tiendra un conseil pour toi pour te glorifier. C' est pourqoui le Seigneur JESUS-CHRIST DIRA:

"celui qui aime beaucoup, il lui sera aussi beaucoup pardonné" (en autre terme: -il sera beaucoup comblé de grâce)

Qui sont –ils ses fils de Dieu?

Pour n'est pas vous scandaliser, je veux citer deux: MOISE ET ELI. Si DIEU nous appèle fils de DIEU(CHRÉTIENS),

Par là il n'y a rien d' étonnant d' appêler MOISE et ELI fils de DIEU; ils se sont même entretenus avec JESUS-CHRIST avant sa mort. Matthieu 17:3

Satan connait que l' homme est trop matérialiste, voilà pourquoi il démandant la pérmission à DIEU de toucher aux biens de job, et il était sur de lui-même que la misère dans laquelle il mettra job, conduitra job à maudir DIEU; mais à sa grande surprise le royaume et la justice de DIEU était la prémière place dans la vie de job. Job 1: 13-22

Tu dois t' attendre de l 'intervation du diable dans ta vie: - dans ton foyer, dans ton travail, dans tes affaires, dans tes études etc... et ne sois jamais heureux si tu n' Est pas en core passé par cette tentation, et que je peux appeler épreuve pour DIEU.

La joie vient après les pleurs comme le Seigneur JESUS-CHRIST l'a dit: - heureux ceux qui sont pérsecutés pour la justice, car le Royaume des cieux est à eux. Matthieu 5:10

-heureux les affligés, car ils seront consolés. Matthieu 5: 4

2.TENTATIONS SUR LA CHAIR

Dans cette partie, j' aimerais vous parler aussi de moi-même!

Au mois du février 2002, une année après ma consécration PASTORALE, par le PASTEUR RICHARD N' KONJI DE L" ASSEMBLÉE CHRÉTINNE LE TRONE DE LA GRACE" A.C.T.G (4. 02. 2001),

(- Pasteur Richard N konji fut une grande inspiration pour moi d' accepter JESUS-CHRIST pour mon Maître ÉTERNEL. Lorsque je révenais du collège présidentiel de GBADO, j'avais résolu en moi de vivre en un paien – juillet 1995; je veux dire de commencer à faire tout ce qu' un jeune peut faire dans sa jeunesse; j' avais même tracer de programmes avec quelques amis sur comment régner.

De rétour à kinshasa (R.D.CONGO) – juillet 1995 ma mère YOMBO-YAKAMBILI-MARIE-JOSE, m' aména à l église où elle priait. C' était à l' absence de mon père NDONINGBA-SAMBIA-LOUISON.

Arrivé à l' église, le Pasteur Richard N' konji préchait sur la sainte- cene (LE REPAS DU SEIGNEUR) et je vous rassure qu'à l' écoute de l' enseignement, j'étais trës éffrayé et j' avais résolu en moi de ne pas le manger même si l' on me donne!

Et à la fin du culte, il annonçant un programme de rétraite à kinsuka.

Le jour de la rétraîte ma maman me proposa d' aller avec elle; et moi, je réfusa et dis à ma maman: mon oncle reste à kinsuka aussi, moi j' irai chez l' oncle, et toi tu iras à la rétraîte et nous trouvâmes une conclusion!

Arrivé à kinsuka, maman me conduisait à une autre route que celle de mon oncle; et alors, j 'affichas la colère et elle me suppliant en disant: là où nous allons, il y a une maison, toi tu seras dans la maison et nous, nous serons déhors! Après son discours je jouais le bon garcon.

Arrivé au lieu du rétraîte, il n' y avait pas moyen que je sois seul à la maison tandisque les autres étaient déhors. Et dehors, je dis en moi-même: "je ne veux pas m' intérresser à leur discours". Lorsque Pasteur Richard N' konji a fini de parler, il démandant à tout le monde d' aller se réposer et de révenir après pour passer à la confession.

Lorsqu 'on partait, il nous arrêta pour nous dire que le SEIGNEUR l 'a dit: -une personne n' a pas prit en considération sa parole; et j ai réconnu que c' était moi.

Il recommenca à precher. Mon frère, ma soeur quand je mis le sérieux pour l' écouter, je ne stoppait pas à m' étonner au –dédans de moi à la manière qu il préchait l' évangile du CHRIST: - avec plein de connaissances, de sagesse, intélligence; et je me suis dis en moi: - donc si j' accepte le Seigneur JESUS-CHRIST, je serai sage aussi que lui? – je parlerai aussi avec pleins de connaissances? …. après ces questions au –dédans de moi, 'j ai accepté de récevoir le Seigneur JESUS-CHRIST pour conducteur de ma vie, j' avais pris la décision de suivre le Seigneur JESUS de tout mon Coeur, de toute mon âme et de toute ma force pour dévenir" SAGE"

Je ne suis plus le Seigneur JESUS-CHRIST pour la sagesse mais plutôt, parcequ "IL A LA PAROLE DE VIE"; il est l' arbre de vie". Et je compris que la sagesse s' acquiert par la crainte de DIEU!

Pasteur Richard N konji fut et démeure pour moi l' homme le plus important sur terre et personne ne pourra prendre sa place! Car par lui, je connais le Seigneur JESUS-CHRIST en toute vérité. - Que DIEU bénisse aussi ma maman pour son travail)

A chaque fois, je pense à mon père Richard, je pleure amèrement. Que DIEU ne m' interdise pas à le pleurer à chaque fois mon âme est attristée. Mon père, Papa Richard N' konji ne me donnait la chance de faire le choix entre le bien et le mal.

Il m' éxigait toujours à choisir le bien! Ce que je suis, est son oeuvre.

Papa Richard N konji: -merçi pour m avoir préché le Seigneur Jesus-Christ.

-merçi pour avoir accêpté d' être mon Père spirituel

-merçi car tu m'a enseigné à choisir   Que le bien.

Papa, vous restez gravé dans mon Coeur pour toujours! je t'aime.

Ma grande tristesse est qu il est mort et entérré à mon absence pendant que j étais aussi torturé par la maladie, il ne connaîtra jamais ma femme, mes enfants, il ne verra jamais l' oeuvre de DIEU par mes mains; lorsque, je quittais Kinshasa, je pensais qu' on se reverra, il préchera dans le Ministëre que DIEU m' a donné.

"–que DIEU bénisse les enfants biologiques de mon père! – que DIEU soit votre père – que la lumière du TRES HAUT luise sur vos sentiers – que tout celui qui se lévera vous faire guerre, tombe – que vos larmes attristent le Coeur de DIEU. - soyez heureux d 'avoir N' konji pour père!

Je suis tombé malade, j' avais une toux qui ne se terminait pas. Je suis allé dans quelque cliniques voir les médécins pour détérminer la maladie en question, mais ils n' arrivaient pas, même la tuberculose n' était pas trouvée en moi après le culture de crachat; et la toux ne se términait pas. La toux que j' avais, moi-même je la définie comme la définition de la toux!

Arrivé au mois de juillet 2002 pendant que je dormais, j' ai eu une vision et dans cette vision, mon esprit était transporté et je me suis retrouvé dans une longue et vaste avenue; et soudain! Une chose à la forme d' un être humain apparut devant moi. Elle puait très mal et une voix m' appela et dit: " AKINI! Celui qui se tient devant toi est un démon" -et lorsque la voix à cesser de parler, le démon s' addressa à moi: "AKINI ! à cause de la parole de DIEU qui est dans ta bouche ,nous t 'éliminerons physiquement" - il était très sérieux à son méssage! Puis il dispparût et je me suis réveillé

Quand je me suis réveillé, j' étais comme un mort sur le lit, je bougeais pas pendant une heure et une heure était comme quelques sécondes!..... il y avait l' horologe sur le mur.

Et quand je me suis élevé, j 'ai réveillé mon frère dans le Seigneur l 'évangeliste Samuel Phoba (- celui qui a été en charge de la prémière publication de la lettre d' akini – le 28.mai.2011) je lui ai tout raconté et après, je riais car je sais que celui qui vis en moi et plus fort que satan et ses démons.

40 jours après, c' était un soir, j' étais dans ma chambre sur le lit et je sentis comme si on a frappé quelque chose sur ma poitrine et je couris vite vers la fênêtre pour jêter ce qui était dans ma bouche et c' était du sang que je vomissais et le sang était mêlé de choses en rond (je ne sais pas comment l' expliquer mais pas seulement en liquide)

Et vite j' appêla ma maman (YOMBO-MARIE JOSE, n' arrivait pas à donner naissance à un garcon et cela était dévenu un problème dans son mariage. Et elle avait fait un voeu à DIEU:

-si tu me donnes un garcon, je lui donnerai à toi. Et un jour pendant qu' elle dormait, elle a eu un songe: - elle se tenait débout avec une de ses soeurs et un pétit garcon s approchait d' eux ; et dérrière eux ,il y avait une très jolie femme avec de longues cheveux qui chantait avec une voix Angélique et disait au garcon de choisir une de ces femmes!

Le pétit garcon choisit YOMBO-YAKAMBILI et quelque temps maman était encéinte et enfanta un fils au nom de DIEUDONNE (dédé): LE DON DE DIEU).

Je vomissais dans un pot; ma maman faisait de tour pour jêter le sang.

Mon frère (sr), de douleurs que je sentais dans mon corps, tu ne peux pas les avoir et continuer à vivre si DIEU n est pas avec toi. Je sentais mes os bouger et ma colonne vértebrale bouger lorsque je toussais; l 'hémoptysie (vomissement du sang) ne s' arrêtait pas.

Chaque jour après ces 40 jours, je vomissais du sang. Plus de 2 mois je ne dormais pas sur le lit puisque lorsque j' éssayais à m'alonger , au même moment je vomissais du sang en quantité et pour celà, j' étais obligé de m' asséoir sur une chaise , le front contre le lit ; et par cette position mes pieds gonfflés ,je récevais encore des injéctions pour beaucoup pisser; et aussi par cette position mon dos était courbé et j étais incapable de me redresser tout droit; je ne voulais pas aussi m' exercer à me redresser car je me sentais au moins soulagé par cette position.

J' étais incapable de soulever une ceuilleur ou un verre d' eau pour mettre dans ma bouche, car lorsque je me forcais, je vomissais du sang en quantité".

Lorsque je voyais mon enfant, mon Nepheu Gabriel (6 ans) transportait un bidon d' eau de 5 litres, je me démandais dans mon Coeur si un jour je pourrai aussi le faire.

Je bénis l ÉTERNEL DIEU car il éssouie mes larmes nuit et jour! Je peux transporter un bidon de 50 litres d' eau sans vomir du sang ni même toussé!

Je veux vous dire une chose et DIEU est mon témoin.

"lorsque mes douleurs augmentaient, je fermais mes yeux et je disais: SEIGNEUR JESUS-CHRIST! je veux vous dire une chose et je sais que vous lisez le Coeur de l' homme et tu connais que ce que je veux te dire viens de mon Coeur:

-SEIGNEUR JESUS-CHRIST, je t' aime quelque soit mes douleurs; et je sais que ton amour pour moi, est plusque mon amour pour toi; tu es tout pour moi, le don de la vie étérnelle que vous m' avez donné, est la meilleure de chose pour moi, je t' adorerai toujours.

Un jour, un docteur aux cliniques universitaires de Kinshasa me dira ceci après l' avoir expliqué ce que je sentais dans mon corps:" – AKINI! Ce ne sont que tes illusions"

Et j' avais compris qu il n' avait pas tord de le dire car c' était des effets incroyables. –image tu es entre la torture du diable.

Deux ans plutard, arrivé en afrique du sud le corps ne répondait pas toujours positif et je me souviens, plus de deux fois avoir supplie DIEU de pérmettre la mort me prendre.

Et un jour même, j 'ai fait le testament pour exciter DIEU de laisser la mort me prendre, car je n' avais plus envie de vivre. Mais je cessais pas de faire ma prière d' adoration:

"je t' aime Seigneur JESUS-CHRIST quelque soit mes douleurs et je sais que ton amour pour moi, est plusque mon amour pour toi; tu es tout pour moi, le don de la vie éternelle que tu m' as donnée est la meilleure de chose pour moi, je t adorerai toujours!

Mon frère, le nom du Seigneur JESUS –CHRIST a le pouvoir d affermir les jambes et confondre la pensée des hommes.

Ta maladie est pour la gloire de DIEU! Dieu veut se témoigner par elle!

Un jour! J' étais seul dans la chambre qu' on partageait à 3 personnes, et vers 16 heures, j' ai commencé à vomir du sang et je n' ai pas voulu avertit les voisins de porte; vers du 17 heures comme le vomissement ne s' arrêtait pas, j ai vu que ce n' était plus bon de garder silence. Et ceux qui étaient- là me trouvèrent une voiture privée pour me conduire à l' hopital (kalafong-pretoria west). J'étais déposé à la portaille du clôture, je les ai démandé de me laisser à l' intérieur mais ils ne voulûrent pas. Et là, seul, je continuais à vomir du sang, je n' arrivais pas à marcher; je me tirais au sol jusqu' à l' intérieur du clôture; J 'appêla le gardien qui était devant moi pour lui dire d informer à l 'intérieur qu il y a un malade déhors!

Et le monsieur me régarda et dira: si tu ne marches pas toi-même pour aller à l' intérieur, tu mourras ici". Il avait catégoriquement réfusé. – que DIEU lui pardonne

Et je ferma mes yeux et dis à mon JESUS:

"SEIGNEUR donne-moi la force de marcher"; je me suis lévé et marcha vite vers l' intérieur et de loin une infirmière me voyant et venant en aide, me transportant avec la chaise roulante.

Je continuais toujours à vomir du sang; tout ce qui me voyait disait que c'était fini pour moi, j 'allais mourir; et une maman me régarda et dira: "mon enfant crois en DIEU et tu ne mouras pas" –que DIEU bénisse les fruits de ses entrailles! – car j' avais senti l 'affection par elle.et après 20 heures le vomissement à cesser et j'étais admis à l'hopital.

Vous qui m' écoutez votre afféction est très importante pour celui qui est malade à côté de toi. L afféction appôrte la joie au Coeur et cette joie peut améliorer l 'état du malade.

J' étais privé d' afféction pendant mes pleurs en afrique du sud lorsque j' étais tourmenté par la maladie; et j avais développé un très sérieux maux de tête

Lorsque j'osais m'inquiéter, dans moins d'une minute, j'avais une forte maux de tête. Je sentais comme si ma tête se divisait; et j'étais forcé à me contrôller de ne pas se soucier car les inquiétudes me tuaient encore!

Mais DIEU était et est toujours avec moi, il apporte la joie dans mon Coeur; il disait à mon Coeur qu'il m'aime et me prépare à porter son NOM"

A chaque fois, je PENSE à mes douleurs, j'adore DIEU (-je suis serieux et DIEU est mon témoin) pour avoir pérmit au diable de toucher à mon corps!

"c'est par le feu que tu te feras un nom devant l ÉTERNEL"

Toi qui n'as pas encore connu le baptême de feu, ne sois pas heureux car ce par le feu que l'or brille!

Je vis et je vivrai pendant toute les années que MON PERE JESUS-CHRIST voudra!

Ne craignait jamais le diable, satan, c'est un intimidateur!

Cette tentation m'a fait ce que je suis aujourd hui! Par les douleurs, les pleurs, les souffrances DIEU m'a fait HOMME!

Un de mes poumons a été endomagé, et lorsque j'ai été informé et que je dévais passer par l'opération, mon Coeur et moi, avions beaucoup pleurés, mais DIEU me répondra dans ce passage de la bible 2 corientiens 12: 1-10 et je compris que DIEU a voulu qu' un de mes poumons soit détruit pour que je sois SA MAIN". – le couteâu n' est pas passer sur moi après mon transfert en afrique du sud"

Le DIEU qui m' est apparut dans le FEU et qui m' a parlé bouche à bouche – DÉCEMBRE 1999 éssouie mes larmes nuit et jour!

En DECEMBRE 1999, j'étais sérieusement malade, j'avais la tubérculose!

Une nuit pendant que je dormais, mon esprit fut transporté devant une montagne, et au déssus de la montagne, un Feu s'allumait et lorsque, j' ai voulu monter vers le Feu, une voix sortit du Feu pour me dire d' ôter mes sandals car le lieu où je me tiens est SAINT!

Et après les avoir ôtaient, je me suis approché du FEU, et une voix sorta du Feu encore et dira: "AKINI! AKINI! que veux –tu que je fasse pour toi?

Après l'avoir répondu, il dispparut et je me réveilla!

Le lendemain, pendant que je dormais, j' ai récu une vision:

Voici la vision: -- j' ai vu un veillard et me donnant la mission D'aller libérer les noirs sous l' esclavagisme Des blancs!

Ecoute l 'explication: - les noirs sont ceux-là qui sont sous la Puissance du diable; ceux qui ont la Marque de pérdition 666, le nom de la Bête: les sorciers, magiciens, féti-Cheurs, ceux qui pratiquent les intérdits   Etc....

-Les noirs inclus: les européens –les américains -les asiatiques –les océaniques –les africains

-Les blancs sont satan, ses démons et leurs esprits impurs.

Lorsque je partais en mission, je suis arrivé devant une barrière, et il y avait de géants soldats qui méttaient des incisions sur les hommes, et la poudre aux bléssures pour leurs investir du pouvoir du diable.

Ils m' ont démandé de coucher à terre sur mon dos; et ils ont commencés à mettre des incisions sur moi, lorsqu ils coupaient mon corps, je priais DIEU et j' invoquais le SANG de JESUS-CHRIST pour anéantir leur travail sur moi.

Après les incisions, ils ont commencés à mettre la poudre et pendant qu'ils mettaient, je ne sentais rien à moi car le SANG de JESUS-CHRIST avait anéantit la puissance du poudre, mais eux, étaient sûr que la poudre avait fait son travail et lorsque , je me suis lêvé , j' ai utilisé la sagesse pour leur tromper que j' étais réellement investi.

Après cela, je suis entré sur un téritoire très vaste et il y avait de grands bâtiments de prisons avec pleins de prisonniers.

Il y avait pleins de soldats qui circulaient bien -armés.

Je circulais sur le téritoire et je parcourus tout le téritoire pour voir les prisons et les prisonniers.

Mais leur chef savait que j' étais en mission et il me proposa à me rendre riche si j' accepte d' abandonner la mission!

Je lui réfusa et chose étonnante il ne pouvait pas me faire arrêter, moi qui était seul sur son téritoire.

Je marchais en paix sans crainte parmi ses soldats sur son téritoire!

J'ai contacté tous les prisonniers et je leurs ai dit que nous allons combattre pour la libérté et tous étaient d'accord avec moi et leurs ai dit à mon signal, sortez tous des prisons et attaquons ces blancs.

A mon signal toutes les prisons étaient brisées et il y avait un très très grand nombre de noirs qui sont sortis de prisons; et là où le térritoire était limité, il y avait un ocean,

Et dans l'ocean de pirogues sortaient du fond de l'ocean avec de noirs remplis au-dédans au point que tout l'ocean était rémpli de pirogues; et ensemble nous avions attaqués les blans et nous les avions tous tués;

Et j'ai saisi leur chef et je suis allé au sommet d'un haut bâtiment, à l'hauteur d'entre la terre et les nuages, et je lui ai jeté en bas.

Je vous ai parlé de moi-même pour vous encourager à tenir ferme dans la foi en JESUS-CHRIST malgré vos souffrances!

Toi, qui es longtemps malade ne crois jamais que DIEU t' a abandonné, tes pleurs changeront en joie, tu chanteras un nouveau cantique: "j'étais malade et JESUS

M' a guérrit, alleluya..! Hosanna au fils de Dieu!

N 'ayez jamais peur du diable lorsqu' il te ménace par les sorciers, magiciens car tout est accompli sur la croix." Satan a été réduit à néant.

Ecoute mon enfant! – la terre est le marche-pied de DIEU et Satan est le maître de la terre pour un Temps, et cela conclu que DIEU marche Sur satan. MATTHIEU 5: 3 Apocalypses 12: 12

Si nous rétournons avec l'histoire de JOB, nous verrons qu 'après la prémière échec, le diable est rétourné devant l ÉTERNEL pour avoir pérmission de toucher à sa chair. Job 2: 1-7

Le diable connait que, lorsqu' un homme est sérieusement malade, il dévient facile à diriger et il accepte tout pour sa guérison. Mais job en tout cela ne pécha point par ses lèvres. Job 2 :10

Faites attention avec vos lèvres lorsque vous traversez de moments difficiles, car par vos lèvres, vous pouvez vous enterrez, et aussi vous pouvez vous construire une place aupres de DIEU.

3.TENTATIONS SUR L AME

MATTHIEU 4:1-11 après que Jesus-Christ fut baptisé, l' esprit L' emmena dans le désert pour être tenté par Le diable. Matthieu 4:1

La prémière tentation de JESUS était sur la nourriture (biens matériaux)

Matthieu 4: 2-4 – après avoir jeuné quanrantes jours et qua- Nuit il eut faim. Le tentateur, s' étant approché, lui dit: si tu Es fils de DIEU, ordonne que ces pièrres Déviennent des pains. JESUS répondit: il est aussi écrit: l' homme ne Vivra pas seulement de pain mais de toute Parole qui sort de la bouche de DIEU.

La deuxieme tentation était sur la chair.

Matthieu 4: 5-7 – le diable le trasporta dans la ville Sainte, le placa sur le haut du temple , et lui dit si tu es fils de DIEU, jette-Toi en bas; car il est écrit à ton sujet : il donnera des orders à ses anges Sur ton sujet; et ils te porteront sur Les mains, de peur que ton pied ne Heurte contre pièrre.

La troisieme tentation était sur l'âme

Matthieu 4: 8-11 –le diable le transporta encore sur une Montagne très élevée, lui montra tous les Royaumes du monde et leur gloire, et lui Dit: je te donnerai toutes ces choses si tu Prostèrnes et m' adores.

Le diable cherchait à gagner l' âme de JESUS!

JESUS lui dit; rétire-toi satan! Car il est écrit: Tu adoreras le Seigneur ton Dieu et tu le serviras lui seul. Alors le diable le laissa. Et voici Des anges vinrent auprès de JESUS et le ser-Vaient.

Le but de satan dans toutes ses pérsecutions est de t' amèner à l 'adorer. Cépendant en t associant à une sciènce occulte (rose croix, maicari, framasson, incacare, etc..) tu te prononces disciple du diable.

Je vous ai déjà dit: Le Seigneur Jesus marche sur satan! Cela veut dire:

 JESUS marche sur la souffrance; JESUS marche sur la famine; JESUS marche sur la pauvrêté; JESUS marche sur le chômage; JESUS marche sur le célibat; JESUS marche sur la stérlité; JESUS marche sur la maladie ; JESUS marche sur le sida; JESUS marche sur la diabète, JESUS marche sur le cancer; JESUS marche sur la tuberculose ; JESUS marche sur l infirmité; JESUS marche sur les pièges;

JESUS marche sur la mort ; JESUS marche sur l'aveuglement ; JESUS marche sur la sourdité ; JESUS marche sur la muetêté ; JESUS marche sur la nudité; JESUS marche sur tout ce qui peut te nuir!...

Ne craignez jamais le diable, satan c'est un grand perdant!

Le diable a cherché aussi à m'entrainer à l'adorer!

Quand j'ai atteri à l'aeroport d'oliver Tambo (R.S.A) un blanc s'est beaucoup intéressé de moi parhasard comme ça et comme j'ai voulu le quitter, il me donnant sa carte d'addresse, et j'ai vu le signe d'un certain secte et réfusa.

Quelques semaines après, un gabonnais s'est intérresé a moi pendant que je faisais un appel dans un cabine public; Il me dira qu'il connait un moyen par lequel je peux gagner 1000$ - 10000$ chaque jour sans pour autant fournir d éffort. Il me laissa tout ses contacts dans mon carnet. Et puisque j'avais avec moi les contacts de cet homme, le diable avait saisi l'occasion pour me parler à l'oreille pendant au moins deux mois d'accepter l'affaire!

Et un jour, j'ai compris que je faisais une grosse erreur de garder ces contacts et je les avais éffacés de mon carnet pour me libérer du piège.

NB: le diable est très rusé, il utilise la ruse pour sédui- Re et investir par force son pouvoir aux hommes.

Lorsque je dis le diable est un grand perdant, je ne blague pas!

Une nuit pendant que j'étais toujours malade à Kinshasa – 2003; un de mes oncles parternel informa toute la famille que j'étais mort!

Et la même nuit un groupe de gens vinrent au deuil, mais ils n entrèrent pas dans la parcelle car ils n' avaient pas écoutés le bruit de pleurs et rétournèrent.

Le matin nous commencâmes à récevoir de gens à mon déuil, et lorsqu ils venaient, ma mère frappait à ma porte, je sortais , je les saluais et riais. Pendant une sémaine on récevait de gens à mon déuil.

Réellement cette nuit-là, j'étais mort. Moi qui vous parle, je suis le témoignage vivant que :" JESUS-CHRIST est la Résurrection et la vie".

Vous savez! cette nuit-là, je dormais et quand j'ai ouvert mes Yeux, j'ai vu que j'étais fixe à la position d' un Mort dans le cerceuil; et cela m'avait beaucoup Derrangé toute la nuit. Le matin lorsque j' appris la nouvelle qui était répandue la même nuit, directement je compris que le diable avait tué mon corps comme il avait juré, mais le Seigneur JESUS-CHRIST l' a réssuscité pendant qu il célebrait.

Si nous révenons à la conversation du serpent, vous trouverez que le diable offrait un pouvoir à la femme. Et la femme après avoir mangé de l' arbre du connaissance de bien et du mal; et donna aussi à son mari, les yeux de l 'un et de l 'autre s 'ouvrirent.

Les yeux de l'un et de l' autre s 'ouvrirent selon les paroles du serpent!

La sorcellerie se transmet par quelque chose mangéable: - le bonbon – biscuit –gâteau –une mangue –banane –viande –ris – poisson etc...

La magie aussi se transmet après avoir été à table de démons!

Un sorcier(re), magicien(ne) a des yeux supplémentaires qui voient l'invisible càd ce que les yeux ordinaires ne peuvent pas voir.

Voilà pourquoi, vous trouverez que les mages d orient arrivèrent à Jérusalem et chèrchaient LE ROI DES JUIFS JESUS-CHRIST qui était nait car ils ont vu son étoile et sont venus l'adorer. Matthieu 2 :1-20

"les mages sont les astrologues (ceux qui étudient les étoiles) et ils sont en abomination devant DIEU . Déuteronome 18: 9-14

Déuteronome 18; 9-14 – lorsque tu seras entré dans le pays Que l Éternel ton DIEU, te donne, tu n'apprendras point à imiter les abominations de ces nations-là qu' on ne trouve chez toi personne qui fasse passer son fils ou sa fille par le feu. Personne qui exerce le métier de dévin, d' astrologue, d' augure, de magiciens, d' enchateur, personnequi consulte ceux qui invoquent les esprits ou dissent la bonne aventure, personne qui interroge les morts. Car quiconque fait ces choses est en abomination à l Éternel; et c'est à cause de ces abominations que l' Éternel ton DIEU, va chasser ces nations devant toi. Tu seras entièrement à l 'Éternel ton DIEU. Car ces nations que tu chasseras écoutent les astrologues et les dévinsmais à toi, l Éternel ton DIEU, ne le permet pas.

Il y a une chose qui m' étonne; les astrologues sont en abominations à l' Éternel mais ils sont allés adorer JESUS; de plus DIEU lui-même les a conduit jusque là où était le pétit enfant.

QUE CELA VEUT-IL DIRE?

Mon frère(sr) cela se fait pour justifier que tout génou fléchit devant le nom de Jesus-Christ.

Et pour nous donner l' assurance sur JESUS qu' il est réellement le fils de DIEU! Cépendant lorsque satan lui-même réconnait que le Seigneur JESUS est réellement le fils de DIEU, pourqoui doutes-tu? – Rétenez aussi que DIEU dialogue avec satan, ses démons et ceux qui sont habités des esprits impurs (les sorciers, les magiciens, les féticheurs etc..) nombres 22: 1-30

POURQOUI LA NOËL EXISTE T –ELLE?

Nul part le Seigneur JESUS ni ses disciples ont célebrés la noël! Le monde célèbre la noël sans comprendre ce qui se passe réellement – le 25 /12 de chaque année.

Ecoute! Le jour de noël satan et ses démons se prostèrnent et adorent le Seigneur JESUS-CHRIST non parcequ' ils l 'aiment mais plutôt pour lui montrer qu' ils sont éffrayés de lui. - c' est un jour très spécial pour eux! Psaumes 97:7

Psaumes 97:7 – ils sont confus, tous ceux qui servent les Images, qui se font gloire des idoles. Tous les dieux se prostèrnent devant lui.

*sorciers, magiciens, féticheurs, tous ceux qui pratiques les intérdits, vos dieux se prostèrnent devant le Seigneur JESUS-CHRIST"

DONC DEVONS-NOUS PAS CELEBRER LA NOÊL?

Je ne crois pas que c' est un péché lorsque tu célèbres la naissance du Seigneur JESUS, mais seulement la plus grande fête, tu dois célèbrer est la mort du Seigneur JESUS car nous sommes sauvés et pardonnés de péchés par elle Luc 22:14-20

Ecoute un autre témoignage sur JESUS-CHRIST, cette fois-ci par les demons

Matthieu 5:1-13: - ils arrivèrent à l autre bord de la mer, dansle pays des gadaréniens. aussitôt que JESUS fut hors de la barque, il vint au-devant de lui Un homme, sortant des sépulcres et possédé d'un esprit impur. Cet homme avait sa démeure dans les sépu-lcres et personne ne pouvait plus le lier, même avec de chaines, mais il avait rompu les chaines et brisé les fers et personne n avait la force de la dômpter.il était sans cesse, nuit et jour dans les sépulcres et sur les montagnes criant, et se meurtrissant avec des pièrres. ayant vu JESUS de loin, il accourut, se prosterna devant lui, et s' écria d' une voix fortequ-a-t-il entre moi et toi, " JESUS, fils du DIEU TRES-HAUT" –je t' en conjure au nom de DIEU ne me tourmente pas .Car JESUS lui disait: "sors de cet home Esprit impur". Et lui demandant: quel est Ton nom? Légion est mon nom, lui répondit-II, car nous sommes plusieurs.

Et il priait insTanment de ne pas les envoyer hors du pays.Il y avait un

pourceaux qui paissaient. Et les Démons le prièrent, disant: envoie-nous Dans dans ces pourceaux, afin que nous Entrions en eux. Il le leur pérmit. Et les Esprits impurs sortirent et entrèrent Dans le troupeau se précipitant des pentes Escarpés dans la mer: il y en avaint environ Deux mille, et ils se noyèrent dans la mer.

POURQOUI le Seigneur JESUS CHASSA-T-IL LES ESPRITS Impurs dans le troupeau de pourceaux?

Ecoute! Le Seigneur JESUS-CHRIST est la définition d' amour!

Les esprits impurs connaissent que leur lieux sont dans de places impures! Cépendant un porc est consideré impur devant DIEU. Et le Seigneur JESUS connaissant que leurs lieux sont dans de places impures, voilà pourquoi, il leurs pérmettèrent d' entrer dans les pourceaux.

Je sais l' âpotre PAUL a parlé de sanctifier les aliments impurs! Cépendant si toi, tu peux sanctifier et alors les paiens?

Plusieurs maladies sont causées par les aliments impurs que DIEU a interdit à l'homme de manger!

Même, toi, prophète, tu le sais quand DIEU te montres en vision un porc, tu comprends déjà qu il parle de l'impureté.!

Je sais que l' âpotre paul a parlé des aliments et nous démande de ne pas juger sur cela!

Néamoins si ta conscience ne te réproches pas mange avec actions de grâce!

Je ne crois pas que la porte d' enfer (de l 'étang de feu) peut s'ouvrir pour celui qui a mangé ,un porc, une crevêtte etc...mais ce qui est sûr, la porte s' ouvre pour les impudiques, les idolâtres, les menteurs , les voleurs etc...

Celui qui ne mange pas ces aliments impurs, fait une très grande chose car, il est épargné de maladies!

Celui qui les mange est exposé aux maladies! Que celui qui les mange, ne mange pas fréquement pour sa santé! Protéges-toi et DIEU te protégera.

Bien-aimés! Pérmettez-moi de parler un peu de la terre Promise, du pays d 'Israel!

Je me posais beaucoup de question, pourqoui DIEU a-t-il donné à son peuple (la postérité d Abraham) un pays qui appartenait à d' autres peuples? Ne pouvait-il pas leur donner un autre térritoire? Au lieu de chasser les autres!

Pour répondre à ta question, j'aimerais que nous lisions dans GENESE 9: 18-27

Genese 9: 18-27 – les fils de noé, qui sortirent de l'arche Etaient sem, cham et japhet. cham fut le Père de canaan. Ce sont là les trois, fils de Noé et c'est leur prostérité qui peupla toute La terre. Noé commença à cultiver la terre Et plata de la vigne. Il but du vin, s'enivra, et Se découvra au milieu de sa tente. Cham Père de canaan, vit la nudité de son père Et il le rapporta déhors à ces frères. Alors Sem et japhet prîrent le manteau, le mîRent sur leur épaules, marchèrent à récu-Lons, et couvrîrent la nudité de leur père comme leurs visages étaient détourné, ils ne Virent pas La nudité de leur père. Lorsque NOÉ se réveilla de son vin, il apprit Ce que lui avait fait son fils cadet. Et il dit: Maudit soit canaan! Qu'il soit l'exclave des Exclaves de ses frères! il dit encore: bénit soit L'Éternel, DIEU de sem, et que canaan soit Leur exclave! Que DIEU étende les posséSsions de japhet, qu'il habite dans les tentes De sem; et que canaan soit leur exclave!

Frère(sr) cham est le père des nations que DIEU avait chassé! Et Abraham est de la postérité de sem que NOÉ avait bénit!

Par-là comprenez qu'il y avait déjà la malédiction sur cham; cham était appelé à être exclave de sem.et DIEU ne faisait qu' accomplir la parole de son intègre serviteur NOÉ.

"La bonne nouvelle est que l' heure est venue où DIEU n' est plùt adoré sur la montagne, ni à Jérusalem mais en esprit et en vérité. Jean 4:20-24

La terre sainte est les lieux où les hommes et les femmes adorent le DIEU d Abraham, d Isaac, et de Jacob en esprit et en vérité.

EST-IL PECHÉ DE BOIRE L ALCOOL?

Juste au déssus nous avons l' histoire d 'un homme intègre NOÉ qui a été dévalorisé devant un de ses fils cham à cause de l'acool.

L 'alcool n' est pas bien, il dépouille l' homme du respect et le conduit à la pérdition!

Plusieurs cas de grossesses sont sous l 'influence d' alcool et même le sida, car sous l'acool l' homme devient incontrollable. L' alcool rend aveugle et un aveugle ne connait pas le chemin.

Pour se délivrer de l 'aveuglement donc dis: non à l 'alcool! Et chèrche DIEU par le Seigneur JESUS pour te rendre libre d' alcool!

Je sais que plusieurs se disant CHRÉTIENS; et les paiens se servent de la fête de noces où Jesus changea l' eau en vin. Jean 2: 1-12 pour se défendre de leur ivrognérie!

Dieu ne force personne à l 'obéir! Il met toujours devant l homme la vie et le bien, la mort et le mal. Déuteronome 30:15

Dieu n est pas dictateur, il laisse à l homme de faire son choix

Pour mieux faire l 'oeuvre de DIEU, tu dois t 'abstenir de l' alcool, voilà pourqoui DIEU interdisait à tout naziréat l alcool. Juges 13: 4-5

Ecoutons luc 1: 15 – car il sera grand devant le SEIGNEUR. IlNe boira ni vin, ni liqueur enivrante, et il Sera rempli de l' ESPRIT-SAINT dès le sein De sa mère. (l' ange parlait à zacharie pèrevDe JEAN-BAPTISTE)

LE SAINT-ESPRIT ne marche pas avec l' alcool!

'La bonne nouvelle est que le Seigneur Jesus-christ nous a rendus sacrificateurs (chretiens) par son sang pour etre habité du saint-esprit pour faire l'oeuvre de Dieu. Apocalypses 5: 9-10

Si tu crois que Le Seigneur JESUS-CHRIST t' a rendu sacrificateur par son SANG pour faire l' oeuvre de DIEU, alors réponds à cette question: "EST-IL BON POUR UN SACRIFICATEUR DE BOIRE L' ALCOOL?

Ces gens-là étaient déjà ivre et le Seigneur JESUS l' a fait après une insistance! L' insistance amène DIEU a donné l homme son bésoin (le bien ou le mal)

Pour conclure: - celui qui veut boire l' alcool pour nourrir son Ivrognérie qu 'il continue car le Seigneur JESUS changea l eau en vin!

Celui qui croit que l' alcool conduit au mal, soitHeureux, car il voit maitenant!

Genese 3: 22: - DIEU a réconnu que l' homme avait un autre Pouvoir en lui (le pouvoir diabolique) car Il dira: voici l homme est devenu comme l 'un De nous pour la connaissance du bien et du Mal. Empêchons-le maintenant d 'advancer sa Main de prendre de l' arbre de vie d' en Manger et de vivre étérnellement. Ici nous Voyons clairement que l 'homme s est séparé De DIEU parcequ' il avait un autre pouvoir En lui, ce que j' appelle le pouvoir du diable!

DIEU ÉTAIT-IL JALOUX DE L HOMME?

Il faut être insensé pour dire que DIEU était jaloux de l'homme! Dieu chassa l' homme puisqu il avait choisi d' écouter et d' obéir le diable, satan!

Lorsque tu accêptes satan pour ton père, DIEU t' exclu de l' arbre de vie!

N' est-ce pas que tu ne peux pas avoir part aupres d' une personne que tu as réjetée?

"L 'homme en mangea de l' arbre était devenu comme un dieu, "lui qui était comme DIEU".

NB: NE MANQUEZ PAS LE DISCOURS D AKINi!

"NOUS SOMMES COMME

DIEU POUR LA

CONNAISSANCE DE VIE"

L'homme en mangea de l'arbre était devenu comme un dieu, l'esprit du diable était entré en lui!

Un sorcier, un magicien, un féticheur, etc... fonctionne comme un dieu!

Plusieurs sorciers, magiciens, etc .. connaissent qu'ils sont dans la pérdition mais seulement, ils ont peur de se détacher du diable, satan car il leur ménace de mort! Et c'est notre dévoir CHRÉTIENS de leur assurer le salut, la vie en JESUS-CHRIST.

Ecoute! Sorcier(e), magician (ne),! Participes au SANG et à la CHAIR du Seigneur Jesus-Christ qu il a également participé lui-Même, afin que par la mort (sa mort) il anéantit celui

Qui a la puissance de la mort, c' est à dire le diable, Satan, et qu' il délivrat tous ceux qui par crainte De la mort, étaient toute leur vie rétenus dans la Sérvitude. Heubreux 2: 13-15

Et maintenant, que tardes-tu? Lêve-toi, sois baptisé, et lavé de tes péchés en invoquant le nom du SEIGNEUR JESUS-CRHIST

Ecoute! Tu es devenu sorcier(e) après avoir mangé la chairhumaine et bu de son sang à une forme d' aliments ; et tu as bésoin de manger aussi la chair et boire le sang du Seigneur Jesus-Christ pour que l' Esprit de DIEU habite en toi.

"celui que DIEU protège, le diable(satan) ne peut pas toucher et vous le savez aussi"

"le nom du Seigneur Jesus-Christ est au-déssus de satan et vous le savez aussi car à chaque fois, les chrétiens parlent de Jesus-Christ vous êtes en trouble dans vos missions! Et vous savez aussi, lorsque satan et ses démons possèdent une personne, et qu'un serviteur de DIEU se présente devant une telle personne, et se sers du nom de JESUS-CHRIST pour les chasser, ils obéissent et laissent la personne. Cépendant comme vous connaissez tout cela, servez-vous donc de cela pour abandonner le diable satan pour toujours.

"écoute, la bonne nouvelle! Le Seigneur JESUS-CHRIST est aussi monté sur la croix pour les sorciers, les magiciens, féticheurs, les dévins, les astrologues, les enchateurs, ceux qui invoquent les esprits ou dissent la bonne aventure, ceux qui interroge les morts, ceux qui fassent passer leur fils ou fille par le feu etc...

Cela veut dire que DIEU a ouvert la porte de vie à ceux qui servent satan, d' advancer leurs mains de l' arbre de vie d' en manger et de vivre éternellement. HEUBREUX 8: 12

APOCALYPSES 13: 16-18: - et elle fit que tous, petits et Grands, riches et pauvres, libres Et exclaves, récussent une marque Sur leur main droite ou sur leur front Et que personne ne put achêter, ni Vendre, sans la marque, le nom de La bête ou le nombre de son nom. C'est ici la sagesse. Que celui qui a De l' intéligence calcul le nombre De la bête. Car c 'est un nombre D homme, et son nombre est six cent Soixante-six (666)

Frère (soeur)! —nous vivons déjà l 'accomplissement d 'APO-CALYPSES 13: 16-18 où le diable impose les Habitants de la terre de récevoir la marque 666 avant tout progrèss, succèss, célébrité Rénomée etc...

En effet, toute personne qui devient membreD 'un secte (rose-croix, maicari, incacare, Framasson etc...) obtient cette marque.

"LA MARQUE EST INVISIBLE POUR PLUSIEURS!"

Le monde est encore comme le jour de NOÉ où les habitants de la terre marchaient selon le train du monde!

Vous savez qu' actuellement partout dans le monde les hommes s' intégrent dans de science occulte(rose-croix, maicari, framasson, etc...) pour être engagé, pour trouver de promotion ,pour maintenir leur position, pour dominer, pour la clièntele, pour dévenir riche,pour être célèbre, pour attirer l' attention de gens, pour gagner dans de compétitions, pour se protéger contre l assassinât, pour passer de classe, pour gagner dans des élèctions, pour avoir de l 'autorité etc...

Et en devenant disciple, le diable, satan, ouvre la porte à son disciple car il a accepté la marque de pérdition, le nom de la bête en l 'adorant.

<u>Qu'elle est la sort de ceux qui n'ont pas</u>

<u>La marque de pérdition 666?</u>

Heureux ceux qui n'ont pas la marque de pérdition 666, le nom de la bête car ils veront la face de DIEU! Et ils auront la marque de pérfection' le nom du fils de DIEU JESUS; et DIEU nous donne le pouvoir de vaincre satan et tout son royaume aux siècles de siècles:

"QUE LE SAINT DIT: AMEN! ET QUE CELUI QUI VEUT SE LAVER PAR LE SANG DE JESUS-CHRIST DIT: AMEN!"

Heureux ceux qui ont la marque de perfection" car ils ne verront plus jamais le mal! Nous jugerons satan et tout son royaume. *LE LIVRE DE SON PROCCES JUDICIAIRE EST DEJA OUVERT PAR L'AGNEAU POUR LE JETER DANS L'ETANG DE FEU ET DE SOUFRE. APOCALYPSES 5: 1-14*

"*CELUI QUI CROIT QUE LA MARQUE DE PERFECTION, LE NOM DU FILS DE DIEU JESUS-CHRIST EST LA MEILLEURE, FAIS CECI:*

-fermes tes yeux, réalise la présence du Seigneur JESUS-CHRIST devant toi et dis 7 fois:

-*Seigneur JESUS-CHRIST, TU ES LA VIE!*

-*SeigneurJESUS-CHRIST, TU ES LA VIE!*

-*SeigneurJESUS-CHRIST, TU ES LA VIE!*

-*SeigneurJESUS-CHRIST, TU ES LA VIE!*

-*SeigneurJESUS-CHRIST, TU ES LA VIE!*

-*SeigneurJESUS-CHRIST, TU ES LA VIE!*

-*Seigneur JESUS-CHRIST, TU ES LA VIE!*

Mon frère, soeur pour hériter le royaume de cieux tu dois être prêt à passer par la souffrance car elle est le chémin de gloire! – *VAUT MIEUX LA FIN D' UNE CHOSE QUE SON COMMENCEMENT!*

Le Seigneur *Jesus-christ nous a averti bien avant pour que nous ne maudissons pas Dieu pendant les tribulations qui doivent nous arriver chretiens!*

SOYONS PRETS A MOURRIR POUR CHRIST, SOYONS PRETS A PLEURER POUR CHRIST, SOYONS PRETS A ETRE HAI POUR CHRIST!...

ARMONS-NOUS DE LA FOI QU AVAIT LES APOTRES DE JESUS-CHRIST DEVANT LES ANTI-CHRIST.

Ecoutons! Actes 4: 13-20: - lorsqu ils virent l' assurance de Pierre et de jean, ils furent étonnés Sachants que c'étaient des hommes Sans instructions; et ils les réconnurent pour avoir été avec JESUS. Mais comme ils voyaient la près d Eux l'homme qui avait été guéri, ils N'avaient rien à répliquer. Ils leur Ordonnèrent de sortir du sanheDrin, et ils délibèrent entre eux, diSant: que ferons-nous à ces hommes?

Car il est manifeste pour tous les Habitants de Jérusalem qu' un miraCle signalé a été accompli par eux Et nous ne pouvons pas le nier. Mais, afin que la chose ne se répande pas advantage parmi le people Défendons-leur avec ménances de Parler désormais à qui que ce soit en Ce nom –là. Et les ayants appelés, ils Défendirent absolument de parler et D'enseigner au nom de JESUS. *PIERRE ET JEAN LEUR REPONDIRENT: JUGEZ-EN VOUS-MEME, DEVANT DIEU, DE VOUS OBEIR PLUTOT QU A DIEU, CAR NOUS NE POUVON PASPARLER DE CE QUE NOUS N' AVONS VU ET ENTENDU.*

Ecoutons! Actes 5: 17-28: - cépendant le souverain sacrifice-Teurs et tous ceux qui étaient avec Lui, savoir le parti des sadducceens Se levèrent, remplis de jalousie, miRent la main sur les apôtres, et les Jétèrent dans la prison publique. Mais un ange du Seigneur, ayant Ouvert pendant la nuit les portes de La prison, les fit sortir, et leur dit: *ALLEZ, TENEZ-VOUS DANS LE TEMPLE ET ANNONCEZ AU PEUPLE TOUTES LES PAROLES DE CETTE VIE*. Ayant Entendu cela, ils entrèrent dès le Matin dans le temple, et se mirent À enseigner. Le souverain sacrificateur et, ceux Qui étaient avec lui étant survenus, Ils convoquèrent le sanhérin et tous Les anciens des fils d' Israel, et ils Envoyèrent chercher les apôtres à laPrison. Les huissiers, à leur arrivé, ne Les trouvèrent point dans la prison. Ils s' en rétournèrent et firent leurbRapport, en disant: nous avons trouVé la prison soigneusement fermée, Et les gardes qui étaient devant les

Portes; mais, après avoir ouvert, Nous n 'avons pas trouvé personne Dedans. Lorsqu ils eurent entendu Ces paroles, le commandant du temPle et les principaux sacrificateurs Ne savaient que penser des apôtres Et de suites de cette affaire. Quelqu'Un vint leur dire: voici, les hommes Que vous avez mis en prison sont Dans le temple, et ils enseignent le Peuple. Alors le commandant partit Avec les huissiers, et les conduisit Sans violence, car ils avaient peur D 'être lapidés par le peuple. Après Qu ils les eurent amènés en presence Du Sanhédrin, le souverian sacrificaTeur les intérrogea en ces termes

"NE NOUS AVONS-VOUS PAS DEFENDU EXPRESSEMENT D ENSEIGNER EN CE NOM-LA ? ET VOICI, VOUS AVEZ REMPLI JERUSALEM DE VOTRE ENSEIGNEMENT, ET VOUS VOULEZ FAIRE RETOMBER SUR NOUS LE SANG DE CET HOMME!

Ecoutons! Actes 5: 29-32: - Pierre et les apôtres répondirent Il faut obéir à DIEU plutôt qu' aux Hommes. Le DIEU de nos pères a résSuscité JESUS, que vous avez tué, en Pendant au bois. DIEU l' a élevé par sa droite comme *PRINCE ET SAU VEUR, POUR DONNER A ISRAEL LA REPENTANCE ET LE PARDON DES PECHES.* Nous sommes témoins de Ces choses, de même que le SAINT-ESPRIT, que DIEU a donné à ceux qui Lui obéissent.

Ecoutons! Actes 6: 7-15: - la parole de DIEU se répandait de Plus en plus, le nombre des disciple Augmentait beaucoup à Jérusalem Et une grande foule de sacrificateurs Obéissaient à la foi. Etienne, plein de grace et de puisSance, faisait des prodiges et de Grands miracles parmi le peuple. Quelques membres de la synagogue Dite des affranchis, de celle des Cyreniens et de celle des alexandrins Avec des juifs de cilice et d 'asie, se Mirent à discuter avec lui; mais ils ne Pouvaient résister à sa sagesse et à L 'ESPRIT par lequel il parlait. Alors Ils subornèrent des hommes qui Dirent:" nous l' avons entendu proFérer des paroles blasphématoires Contre MOISE et contre DIEU Ils émurent le peuple, les anciens Et les scribes, et, se jétant sur lui, Ils le saisirent, et l' emmenèrent au Sanhédrin. Ils produisirent de faux Témoins, qui dirent:

cet homme ne Cesse de proférer des paroles contreLe lieu saint et contre la loi; car nous L'avons entendu dire de JESUS, ce Naziréen détruira ce lieu, et changeRa les coutumes que MOISE nous a Données. Tous ceux qui siègeaient au Sanhédrin ayant fixé les regards sur Etienne, son visage leur parut comMe celui d'un ANGE.

Ecoutons! Actes 7: 51-60: - hommes au cou roide, incirconcis De Coeur et d'Oreilles! Vous vous Opposez toujours au SAINT-ESPRIT Ce que vos pères ont été, vous l'êtesAussi. Lequel des prophètes vos peRes n' ont-ils pas pérsecuté? Ils ont Tué ceux qui annonçaient d'avance La venue du juste, que vous avez liVré maintenant, et dont vous avez Eté les meurtriers vous qui avez récu La loi d'après des commandements D'ANGES, et qui ne l'avez point Gardée! ..en entendant ces paroles Ils étaient furieux dans leurs coeurs Et ils grincaient des dents contre lui. Mais ETIENNE, REMPLI DU SAINT-ESPRIT, et fixant les regards vers le Ciel, vit la gloire de DIEU et JESUS DEBOUT A LA DROITE DE DIEU, Ils poussèrent alors de grands cris En se bouchant les Oreilles, et ils se Précipitèrent tous ensemble sur lui Le traînèrent hors de la ville, et le Lapidèrent. Les témoins déposèrent Leurs vêtements aux pieds d'un jeuNe homme nommé *SAUL (L' APOTRE PAUL)* et ils lapidèrent ETIENNE, qui Priait et disait: *SEIGNEUR JESUS, RECOIS MON ESPRIT! PUIS S' ETANT MIS A GENOUX, IL S' ECRIA D' UNE VOIX FORTE: SEIGNEUR, NE LEUR IMPUTE PAS CE PECHE. ET IL S' EN-DORMIT.*

Ecoutons! actes 12: 1 -11: - vers le même temps, le roi He-Rode se mit à maltraiter quelques Members de l' église, Et il fit mourir par l 'épée JACQUES Frère de jean. Voyant que cela était Agréable aux juifs, il arrêta PIERRE. -c' était pendant les jours des Pains sans levain. -après l 'avoir saisi Et jeté en prison, il le mit sous la garDe de quatre escouades de quatre Soldats chacune, avec l 'intention de Le faire comparaitre devant le peuPle après la paque. *PIERRE* donc était Gardé dans la prison. Et l' église ne Céssait d 'addresser pour lui des prièRes à DIEU. La nuit qui précédée le Jour où hérode allait le faire compaRaitre, PIERRE, lié de deux chaines Dormait entre deux soldats Et des sentinelles devant la porte Gardaient la prison. Et voici, un ANGE révéilla PIERRE, en le frappant Au côté et en disant: *LEVE-TOI PROMPTEMENT! LES CHAINES TOMBERENT DE SES MAINS. ET L 'ANGE LUI DIT: METS TA CEINTURE ET TES SANDALES. ET IL FIT AINSI. L' ANGE LUI DIT ENCORE: ENVELO-PPE-TOI DE TON MANTEAU, ET SUIS-MOI.* Pierre sortit, et le suivit, ne sachant Pas que ce qui se faisait par l ange fut Réel, et s' imaginant avoir une vision. Lorsqu' ils eurent passé la première Garde, puis la séconde, ils arrivèrent A la porte de fer qui mène à la ville Et qui s' ouvrit d' elle-même Devant eux. Ils sortirent, et avanCèrent dans une rue. aussitôt l' ANGE Quitta PIERRE. Révenue à lui-même, Pierre dit: je vois maintenant d' une Manière certaine que le SEIGNEUR a Envoyé son ANGE, et qu il m a délivré De la main d' hérode et de tout ce Que le peuple JUIF attendait.

Ecoutons! actes 16: 23-26: - vers le milieu de la nuit, PAUL Et SILAS priaient et chantaient Après qu on les eut chargés de coups Ils jétèrent en prison, en recommaNdant au géôlier de les garder sureMents. Le géôlier, ayant réçu cet orDre, les jeta dans la prison intérieure Et leur mit les ceps aux pieds. Vers le milieu de la nuit PAUL et SILAS priaient et chantaient les Louanges de DIEU, et les prisonniers Les entendaient. Tout à coup il se fait Un grand trèmblement de terre, enSorte que les fondements de la priSon furent ébranlés, au même insTant, toutes les portes s' ouvrirent Et les liens de tous les prisonniers Furent rompus.

Ecoutons! Actes 21: 10-14: - comme nous étions la dépuisPlusiuers jours, un prophète,номméAgabus, déscendit de judée, et vint Nous trouver. Il prit la ceinture de PAUL, se lia les pieds et les mains, et Dit: 'voici ce que déclare le SAINT-ESPRIT: L homme a qui appartient cette ceinture, les juifs le lieront de la même Manière à JERUSALEM, et le livreront Entre les mains de paiens.Quand nous entendîmes cela, nous Et ceux de l' endroit nous priâmes PAUL de ne pas monter à Jérusalem Alors il répondit: *que faites-vous en pleurant et en me brisant le coeur? je suis pret, non seulement à être lié, mais encore à mourir à jerusalem pour le nom du seigneur Jesus.* Comme Il ne se laissait pas pérsuader, nous N' insistâmes pas, et nous dîmes: *QUE LA VOLONTE DU SEIGNEUR SE FASSE!*

Ecoutons! actes 14: 19-20: - alors survinrent d' antioche et D icon des juifs qui gagnèrent la foule Et, qui, après avoir lapidé PAUL, le Trainèrent hors de la ville, pensant Qu'il était mort". Mais les disciple L' ayant entouré, il se leva, et entra dans la ville. Le lendemain, il partit Pour Derbe avec Barnabas.

Mon frère, ma soeur, la foi des apôtres à l 'évangile du Seigneur Jesus-CHRIST me fortifie chaque jour d' adorer *JESUS-CHRIST, DE PARLER DE SON NOM!*

Je sais que vous vous demandez, alors ici sur TERRE, nous n' auront pas à être dans l 'abondance, dans la richesse, dans l' élevation, dans le succèss, dans le progrèss, dans la promotion, dans la célibrité, etc...

L 'apôtre Pierre un jour posa la même question au Seigneur JESUS après que le Seigneur JESUS leur montra qu'il faut accepter la perte pour entrer dans le royaume des cieux. Matthieu 19: 27-30

Ecoutons! matthieu 19: 27-30: - Pierre prenant alors la paRole, lui dit: voici, nous avons tout Quitté, et nous t' avons suivi; qu' en Sera t-il pour nous? *JESUS REPONDIT "Je vous le dis en verite, quand le fils de l 'homme, au renouvellement de toutes choses, sera assis, sur le trone de sa gloire vous qui m 'avez suivi, vous serez de meme assis sur douzes trones, et vous jugerez les douze tribus d israel. et quiconque aura quitte, a cause de mon nom, ses freres, ou ses soeurs, ou son pere, ou sa mere* ou sa femme, ou ses enfants ou ses terres, ou ses maisons, recevra le centuple, et" heritera la vieeternelle. Plusieurs des premiers Seront les dérniers et plusieurs desDérniers seront les prémiers.

Ici le Seigneur JESUS montre que celui qui est prêt à tout perdre pour son nom, il ne perdra pas mais il récevra le centuple de tout dans le siècle présent et la gloire à son avenement.

C 'est pourqoui vous verrez que lorsqu' ABRAHAM accepta de perdre ISAAC, il ne le perda pas. Genese 22: 1-24

Ne vous séparez pas de vos familles; ton père, ta mère, tes frères, tes soeurs etc... "la séparation que parle JESUS est: - N' imites pas à faire le mal que fait ton père, Ta mère, tes frères, tes soeurs, tes cousin Tes tantes, tes oncles, tes amis, le mal qui Se fait dans votre enterprise, dans votre belle Famille etc...

Les apôtres du Seigneur *JESUS-CHRIST* étaient toujours en contact avec leurs familles.

Matthieu 8: 14: - JESUS se rendit ensuite à la maison de PIERRE dont il vit la belle-mère couchée Et ayant la fièvre.

Matthieu 20: 20: - Alors la mère des fils de Zébedée s'appro-Cha de JESUS avec ses fils, et se prosterna, Pour lui faire une démande.

Et même le Seigneur JESUS-CHRIST était avec les enfants de MARIE qui a trouvée grace aux yeux de DIEU et engendra JESUS-CHRIST par la vertu du SAINT-ESPRIT. luc 1: 26-35

Ecoutons! luc 1: 26-35: - Au sisicème mois, l'ange GABRIEL Fut envoyé par DIEU dans une ville GALILEE, appelée NAZARETH, auprès D' une vierge fiancée à un home De la maison de DAVID, nommé JOSEPH. Le nom de la vierge était MARIE. l'ange entra chez elle et dit je te salue, toi a qui une grace a été faite; le seigneur est avec toi: troublée par cette saluta-tion, marie se demandait ce que pouvait signifier une telle salutation. l' ange lui dit: ne crains point, marie, car tu as trouve grace auprès de Dieu. et voici, tu deviendras enceinte, et tu enfan-teras un fils", et tu lui donneras le nom de Jesus. il seragrand et sera appelé" fils du très-haut", et le seigneur Dieu lui donnera "le trône de david son père" "il regnera sur la maison de jacob eternellement, et son règne n' aura point de fin" marie dit à l 'ange:

" comment cela se fera t-il, puisque je ne connais pas d' homme? l'ange lui repondit: "le saint-esprit viendra sur toi, et la puissance du très-haut te couvrira de son ombre." "c'est pourqoui le saint enfant qui naitra de toi sera appele "fils de Dieu".

Pour moi LA SAINTE MARIE, je lui rend le témoignage que le Seigneur JESUS a rendu sur JEAN-BAPTISTE! Je vous le dis en vérité, parmi ceux qui sont nés de femmes, il n' en a point paru une femme plus grande que MARIE, et il n' y en aura point.

"Le Seigneur JESUS-CHRIST est le dérnier ROI" D ISRAEL et il n' a pas de successeur!"

"la maison de JACOB", sont des lieux où les hommes, les femmes adorent DIEU en ESPRIT ET en VERITE"

Ecoutes les paroles de serviteurs de satan!

Matthieu 2: 2: - Et dirent: où est le roi des juifs qui vient de naitre car nous avons vu son etoile en orient, et nous sommes venus l 'adorer.

PEUT-ON ADORER DIEU SOUS FORME D IMAGE STATUE, ETC...?

Pour nourrir ta curiosité, lis-moi:

Déuteronomes 4: 15-16: - puisque vous n' avez vu aucune Image le jour où L'ETERNEL vous Parla du milieu DU FEU, à HOREB, Veuillez attentivement sur vos âmes De peur que vous ne vous corromPiez et que, vous ne vous fassiez uneImage taillée, une représentation de Quelque idole, la figure d 'un home Ou d' une femme...

Pour toutes les nations qui adorent les statues, le figure d' homme, le figure d' une femme, le figure d 'animal, le figure d' oiseau, de figure de poisson, de figure de bête qui rampe sur la terre, le soleil, la lune, les étoiles pour de dieux, apprenez que" *LE SEUL DIEU VERITABLE EST LE DIEU D 'ABRAHAM, D 'ISAAC ET DE JACOB.*

Les dieux faites de mains d' hommes, nous connaissons leur origine, ils viennent d' homme!

Le Dieu qui n 'a pas une representation, est au-dessus de toutes choses, car l 'homme ne connait pas "son origine"

"arreter d 'adorer de dieux faites de mains d hommes, ils ne sont pas "Dieu!

"heureux celui qui adore le Dieu d' abraham, d 'isaac, et de jacob! car il jugera tous ces rois (dieux). Apocalypses 17: 12-14

Rétenez ses choses:

-*BABYLONE LA GRANDE: EST L 'EGLISE DU DIABLE, SATAN LA PROSTITUEE!

-*SEPT MONTAGNES: SONT SEPT EGLISE DU DIABLE, SATAN

-*DIX CORNES: SONT LES dieux DE NATIONS

-*LA BETE: EST L' EGLISE OU SIEGE SATAN SUR TERRE

APOCALYPSES 17: 3

-*LE FAUX PROPHETE: EST L 'IMPIE, L 'AUTRE BETE

-*LE DRAGON: SATAN

De même que DIEU envoya SON FILS UNIQUE JESUS-CHRIST pour sauver le monde; le diable, satan enverra aussi son fils pour séduire les habitants de la terre. L 'AUTRE BETE". APOCALYPSES 13: 11-12.

APOCALYPSES 13: 11-12: - Puis je vis monter de la terre une Autre bête, qui avait deux cornes Semblables à celles d' un "agneau Et qui parlait comme un "dragon" Elle exerçait toute l 'autorité de la Prémière bête en sa présence, et Elle faisait que la terre et ses habiTants adorent la prémière bête Dont la bléssure mortelle avait Eté guérit. 2 THESSALONICIENS2: 8-10

2 thessaloniciens 2: 8-10: - Et alors paraître l 'impie, que LESEIGNEUR JESUS DETUIRA PAR LE SOUFFLE DE SA BOUCHE, ET QU' IL ANEANTIRA PAR L'ECLAT DE SON AVENEMENT.L' apparition de cet impie se fera par Puissance de satan, avec toutes sorTes de miracles, de signes et de proDiges mensongers, et avec toutes Les séductions de l' iniquité pour Ceux qui périssent parcequ ils n'ontPas réçu L'AMOUR de la VERITE pour Etre sauvés.

Plusieurs JUIFS n 'ont pas cru à la naissance DU CHRIST" et par cet endurcissement le diable, satan introduira son fils" pour se proclamer CHRIST" et séduira les nations! 2THESSALONICIENS 2: 3

2 thessaloniciens 2: 3: que personne ne vous séduise d aucu Ne manière; car il faut que L'APOSTASIE soit arrive auparavant, et qu' On ait vu paraître l' homme du péché Le fils de la "pérdition, L' adversaire qui s'élève au-déssusDe tout ce qu'on appelle DIEU ou De ce qu' on adore, jusqu' à s asséoir Dans le temple de DIEU, se proclaMant lui-même DIEU.

QUI SONT DE LA POSTERITE D'ABRAHAM, D'ISAAC ET DE JACOB?

Ecoutons! Genese 12: 1-3: - L'ETERNEL dit à ABRAHAM: Va-t-en de ton pays, de ta patrie Et de la mainson de ton pèreDans le pays que je te montrerai Je ferai de toi une grande nation Je te bénirai; je rendrai ton nom Grand, et tu seras une source de Bénédiction. Je bénirai ceux qui Te béniront, Et toutes les familles de la terre Seront bénies en toi.

Mon frère, ma soeur la bonne nouvelle est que tout celui qui réçoit le Seigneur Jesus-christ – africains, - americains,- europeens, -oceaniques ,- asiatiques devient automatiquement fils d'abraham, d'isaac, et de jacob, car il a réçu le Dieu qui est apparut a Abraham et sa posterite pour porter son nom aux siècles des siècles.

LE SANG Du Seigneur JESUS-CHRIST nous rend JUIF! Et fais attention! Ne te limites pas d'être JUIF seulement mais tu dois aussi NAITRE DE NOUVEAU pour être accepté à table avec ABRAHAM, ISAAC, ET JACOB.

COMMENT NAITRE DE NOUVEAU?

Tu dois modifier *la loi et vivre dans l'evangile d'amour et de pardon!*

Le Seigneur JESUS n'est pas venu abolir la loi mais plutôt le corriger (modifier)!

Ecoute! quand Dieu a établi le prophete Moïse et l' a donné la loi, Dieu a corrigé quelque manière d' homme.

Par exemple: - Avant le prophete MOISE, L' inceste" n' était pas péché et *Quand moise est venu, Dieu dira maintenant que l' inceste est peché".Permettez-moi de dire que par ce que nous appelons inceste, queDieu" a rempli la terre"*

Je vous ai donné cet exemple pour vous montrer que Dieu a le pouvoir de modifier sa loi".

même le grand prophète de Dieu" Moïse", avait Parlé du Seigneur JESUS. Actes 3:22-23

ACTES 3: 22-23: - Moise a dit le SEIGNEUR votre DIEU vous suscitera d' entre vos frères un prophète comme moi; vous l' écouterez dans tout ce qu'il vous dira , et quiconque n'écoutera pas ce prophète sera exterminé du milieu du pleuple.

DIEU a envoyé SON FILS UNIQUE afin que nous développions l 'amour les uns aux autres!

LA LOI ne nous enseigne pas le pardon mais la grâce nous dit de pardonner lorsque quelqu 'un te fait du mal; mais LA LOI DIT: - OEIL POUR OEIL, DENT POUR DENT!

-LA LOI DIT: - Tu ne tueras point; celui qui tuera mérite d être Puni par les juges!

-LA GRACE DIT: -Quiconque se met en colère contre son frère Mérite d' être puni par les juges!

Que celui qui dira à son frère: RICA! Mérite

D' être puni par le Sanhédrin; et que celui Qui dira: INSENSE! Mérite d'être puni parLe feu de la géhenne!

-LA LOI DIT: -Que celui qui répudie sa femme lui donne une Lettre de divorce.

-LA GRACE DIT: - Que celui qui répudie sa femme, sauf pour Cause d' infidélité, l'expose à devenir adultère

Et celui qui épouse une femme répudiée Commet un adultère. (Nb: plus de detail vous les trouverez dans le discours d' akini": -Nous sommes comme dieu"

pour la connaissance

de vie"

La grâce combat le péché dans la pensée, dans le Coeur! C' est en pensant au mal que l'homme commet le péché, le mal à son prochain.

-LA LOI DIT: - Tu ne commettras point d' adultère et ordonne De tuer les adultères. LEVITIQUES 20: 10

-LA GRACE PARDONNE LES ADULTERES. JEAN 8: 1-11

Ecoutons! JEAN 8: 1-11: - JESUS se rendit à la montagne des Oliviers. Mais, dès le matin, il alla de nouveau Dans le temple, et tout le peuple vint à lui. S' Etant assis, il les enseignait. Alors les scribbles Et les pharisiens amenèrent une femme surPrise en flagrant délit, d 'adultère; Et, la plaçant au milieu du peuple, ils dirent A JESUS: "Maître cette femme a été surprise En flagrant délit d'adultère. MOISE, dans la LOI, NOUS A ORDONNE DE LAPIDER DE TELLES FEMMES": TOI DONC, QUE DIS-TU? Ils disaient cela pour l' éprouver, afin de pouVoir l 'accuser. Mais JESUS! S'étant baissé, Ecrivait avec le doigt sur la terre. Comme Ils continuaient à l'intérroger, il se réleva Et leur dit: -QUE CELUI DE VOUS QUI EST SANS PECHE JETTE LE PREMIER LA PIERRE CONTRE ELLE. Et s' étant de nouveau baissé Il écrivait sur la terre. Quand ils entendirent Cela, accusés par leur conscience, ils se rétiRerent un à un, dépuis les plus agés jusqu'auxDérniers; Et JESUS resta seul avec la femme qui était Là au milieu. Alors s' étant rélevé, et ne voYant plus que la femme, JESUS lui dit: FEMME, OU SONT CEUX QUI T'ACCUSAIENT? Personne ne t-a-t-il condamnée? Elle réponDit: non, Seigneur. et Jesus lui dit: je ne te condamne pas non plus; va, et ne peche plus" (Nb: ne manquez pas le discours d' akini)

Ce qui m' a toujours étonné dans cette histoire, est l' abscence de l' homme avec qui, elle avait commit l' adultere.!

Ecoutons! LEVITIQUES 20:10: - Si un homme commet un adultère avec une femme mariée, S' il commet un adultère avec la femMe de son prochain, l' homme" et Femme" Adulterès seront punis de mort

DEUTERENOME 22:22: -Si l' on trouve un homme couché Avec une femme mariée, ils mouront Tous deux, l' homme" qui a couché Avec la femme, et la femme aussi. Tu ôteras ainsi le mal du milieu D'ISRAEL"

*LA LOI DE MOISE" ORDONNE DE TUER TOUS DEUX! ET OU ETAIT L' HOMME ADULTERE?

L 'homme ne pardonne pas l' adultère de la femme mais il veut que la femme padonne son adultère! Et pourqoui cela, HOMME!

Le Seigneur JESUS-CHRIST nous a montré comment nous devons prier!

MATTHIEU 6: 9-15: -voici donc comment nous dévons prier: Notre père qui es aux cieux! Que ton nom soit sanctifié; que ton régne vienne; que ta volonté soit faite sur la terre comme au ciel. Donne-nous aujourd'hui notre pain quotidien;

"Pardonne-nous nos offenses, comme nous aussi nous pardonnons à ceux qui nous ont offensés; ne nous induis pas en tentation, mais délivre-nous du malin. Car c' est à toi qu' appartient, dans tous les siècles, le régne, la puissance et la gloire. AMEN! Si vous pardonnez aux hommes leurs offenses, votre père célestre vous pardonnera aussi; mais si vous ne pardonnez pas pas aux hommes, votre père ne vous pardonnera pas non plus vos offenses.

*- peux-tu faire cette prière? si oui! peux-tu pardonner l' adulTère de ta femme?

* pourquoi vous ne priez pas à la maniere que le seigneur jesus nous a montré?

* celui qui est capable de faire cette prière est celui qui peut pardonner le peche quelque soit son etat"! lorsque tu deviens capable de pardonner "le peche quelque soit son etat, alors tu peux faire "la priere que le seigneur jesus nous a montre"

* ne negliger jamais cette priere car c'est la clef de vie"et ne soyez jamais heureux pendant que vous etes incapable de la faire"

*femme peux-tu pardonner ta soeur qui a commit l'adultere avec ton mari?

*femme peux-tu pardonner ton amie qui a commit l'adultere avec ton mari?

*homme peux-tu pardonner ton frere qui a commit l'adultere avec ta femme?

*homme peux-tu pardonner ton ami qui a commit l'adultere avec ta femme?

Ecoute! Le pardon est LA VIE DE DIEU, si nous nous disons enfants DE DIEU, soyons ausi prêts à pardonner le péché quelque soit son état.

*peux-tu pardonner ta mere (ton pere, ta soeur, ton frere, ton neveu, ta niece, ta cousine, ton cousin, ta tante) sorcière ou magicienne qui a été la cause de l'accident qui a causé la mort de ta femme et tes enfants?

*peux-tu pardonner celui qui a tué ton mari?

*peux-tu pardonner celui qui a tué ton enfant?

*peux-tu pardonner celui qui a tué ta mère?

*peux-tu pardonner celui qui a tué ton père?

*peux-tu pardonner celui qui a tué ta soeur?

*peux-tu pardonner celui qui a tué ton frère?

*peux-tu pardonner celui qui a tué ta nièce?

*peux-tu pardonner celui qui a tué ton cousin, ta cousine, ton oncle, ta tante etc..

*peux-tu pardonner celui qui t'a empoisoné?

*peux-tu pardonner celui qui t'a transmit le sida?

*peux-tu pardonner celui qui t'a escroqué?

*peux-tu pardonner celui qui a porté une fausse accusation contre toi?

*peux-tu pardonner celui qui t'a rendu aveugle, boiteux, infirme?

*peux-tu pardonner celui qui t'a violé?

*peux-tu pardonner le peché quelque soit son état?

*JESUS DIT: MATTHIEU 5:39: - Mais, moi je vous dis de ne Pas résister au méchant. Si quelqu' Un te frappe sur la joue droite, préSente-lui aussi l'autre.

Le Seigneur JESUS nous enseigne à supporter les douleurs! D'être prêt à supporter plus de douleurs que nous cause les hommes!

Si tu pardonnes les péchés des hommes, le pardon aussi parlera pour toi lorsque tu seras dans de moments difficiles!

le pardon dira: - père! pardonne lui, comme il a toujours pardonné aux autres!

-père! guérit sa fille car il a l'amour du prochain!

-père! prospère son commerce car l'amour vie dans son coeur!

-père! donne-lui cette promotion car il garde notre amour!

-pere! qu'il soit victorieux en tout car il se laisse diriger par l'amour!

*Si tu peux pardonner le péché que les autres ne peuvent pas pardonner, *CONSIDERES-TOI comme Dieu"* et le seigneur Jesus te temoignera auprès de son père; et lui et son père auront leur demeure EN TOI!*

<u>LE PARDON EST LE SECRET DU GRAND POUVOIR</u>

<u>DE DIEU</u>

ECOUTONS! MARC 11: 12-26: - le lendemain, après qu' ils furent sortis de BETHANIE JESUS EUT FAIM. Apercant de loin un figuier qui avait des féuilles, il alla voir s'il y trouverait quelque chose; et s'en étant approché, il ne trouva que des féuilles; car ce n'était pas la saison des figues. Prénant alors la parole, il lui dit: -que jamais personne ne mange de ton fruit! Et ses disciples l'entendirent. Ils arrivèrent à JERUSALEM, et JESUS entra dans le temple. Il se mit à chasser ceux qui vendaient et qui achetaient dans le temple, il renversa les tables des changeurs, et les sièges des vendeurs de pigéons; et il ne laissait personne transporter aucun objet à travers le temple.

Et il enseignait et disait: n-est-il pas écrit: ma maison sera appellée une maison de prière pour toutes les nations?

Mais vous, vous en avez fait une caverne de voleurs.les pricipaux sacrificateurs et les scribles, l'ayant entendu, cherchèrent les moyens de le faire périr; car ils le craignaient, parceque toute la foule était frappée de sa doctrine. quand le soir fut venu, JESUS sortit de la ville. Le matin, en passant, les disciples virent le figier seché jusqu'aux racines.

Pierre, se rappelant ce qui s'était passé dit à JESUS: "RABBI, REGARDE, LE FIGUER QUE TU AS MAUDIT A SECHE.

JESUS prit la parole, et leur dit: AYEZ FOI EN DIEU". Je vous le dis en vérité si quequ'un dit à cette montagne:" ÔTE-TOI DE LÀ ET JETTE-TOI DANS LA MER" et s'il ne doute pas en son Coeur, mais croit que ce qu'il a dit arrive, il le verra s'accomplir. C'est pourquoi je vous dis: tout ce que vous démanderez en priant croyez que vous l'avez récu, et vous le verrez s'accomplir. *et lorsque vous etes debout faisant votre priere, si vous avez quelque chose contre quelqu'un, pardonnez, afin que votre Père qui est dans les cieux vous pardonne aussi vos* OFFENSES.

Mais si vous ne pardonnez pas, votre pere qui est dans les cieux ne vous pardonnera pas non plus vos offenses.

*Les disciples étaient étonnés de voir, rien que la parole a fait sécher le figuier jusqu'aux racines! Mais le Seigneur JESUS leur répliqua: - lorsque vous vous tenez débout pour faire LA PRIERE DE LA FOI" SI VOUS NE pardonnez pas la chose que vous avez contre quelqu'un, dieu ne vous exhortera pas aussi.

*Le Seigneur Jesus avait fait mention du pardon pour nous enseigner que la foi sans la vie du pardon est morte." et que lorsque nous pardonnons, Dieu nous exhortera dans nos prières de foi.

*c'est alors, nous prierons pour les aveugles et ils verront, nous prierons pour les sourds et ils entendront, nous prierons pour les muets et ils parleront, nous prierons pour les impotents et ils marcheront, nous prierons pour les malades et ils seront guerit, nous prierons pour les steriles et ils seront enceinte, nous prierons pour les sorciers, les magiciens, les féticheurs, ceux qui pratiques les interdits et ils seront delivres! etc...

L' EGLISE EST DEVENUE UNE CAVERNE DE VOLEURS!

Plusieus églises existent aujourd'hui, non pour l'oeuvre DE DIEU, ENSEIGNER A SES MEMBRES LA VRAIE VOIE DE DIEU MAIS PLUTOT A FAIRE COMMERCE!

Les versets clefs de ses églises sont, où DIEU parle de donner pour son oeuvre et ses serviteurs!

*L'ouvrier mérite son salaire! Vous avez droits de manger pour votre travail! Mais le Seigneur JESUS nous a enseigné une chose avant de quitter ses disciples: -que ce lui qui est en charge des autres a le devoir de laver les pieds de ses frères.

- laves-tu les pieds des orphelins?

-laves-tu les pieds des veuves?

-laves-tu les pieds des opprimés?

les veuves, les orphelins, les opprimés...sont negligés dans des églises. Les pasteurs veulent que l'église s'occupe d'eux et de leurs maisons.

DIEU est LE DIEU des orphelins, des veuves, des opprimés,...

la puissance de Dieu ne se manifeste pas dans certaine église parceque les orphelins et les veuves, les opprimés sont negligés!

ESAIE 1:15-18: - quand vous étendez vos mains je détourneDe vous mes yeux; quand vous multiplies Les prières, je n'écoute pas: -vos mains sont Pleines de sang. Lavez-vous, puriez-vous Ôtez de devant mes yeux la méchanceté De vos actions; cessez de faire le mal. Apprenez à faire le bien, recherchez la jusTice,PROTEGEZ L'OPPRIME;FAITES DROIT A L'ORPHELIN, DEFENDEZ LA VEUVE. VENEZ ET PLAIDONS! DIT L'ETERNEL. Si vos péchés sont comme le cramoisi, Ils déviendront blancs comme la neige; S'ils sont rouges comme la pourpre, ils Deviendront, comme la laine. Si vous avez de la bonne volonté et si Vous êtes dociles, vous mangerez les Meilleuirs productions du pays; mais si Vous résistez et si vous êtes rébelles Vous serez dévorés par la glaive, car LA BOUCHE DE L'ETERNEL A PARLE.

Hommes de DIEU, la bouche de L'ETERNEL a parlé; que celui qui négligeait l'orphelin, la veuve, l'opprimé commence à lui être une main.

DIEU est leur DIEU et l'église que tu diriges est pour LE DIEU de l'orphelin, du veuve, l'opprimé...

Toi qui m'écoutes, le devoir est pour nous tous!" *beni l'opprimé, l'orphelin, la veuve et " les ecluses des cieux s'ouvriront pour toi"*

CELUI QUI AIME EST PRET A MOURIR!

ECOUTONS! JEAN 15:12-13: - c'est ici mon commandement:- Aimez-vous les uns les autres, comme je vous ai Aimés. Il n'y a pas de plus grand amour que de donNer sa vie pour ses amis".

*L'amour n'a pas de limite!

*L'amour pardonne!

*l'amour se sacrifie!

Ecoutes! Dieu cherchait quelqu'un, qui acceptera de soufrir sans cause" d'être condané sans cause"de mourir sans cause et d'être un modele parfait au monde a ce qui concerne l'obeissance à Dieu. et personne dans le ciel, ni sur la terre, ni sous la terre, a été trouvée digne!

Et le fils unique de Dieu a accepté de se dépouiller de toute sa gloire auprès de son père et d'être nait comme un home pour souffrir sans cause, être condanmé sans cause et mourir sans cause pour"sauver l'humanité qui souffrait de la mort causée par "Adam"!

C'est par la désobéissance d'un homme que le monde a été corrompu, de même par l'obéissance d'un homme que le monde est SAUVE!

DIEU n'a pas rétenu *SON FILS UNIQUE* et il a donné au monde afin que quiconque croit en lui, à ses enseignements, ne périsse point, mais qu'il ait LA VIE ETERNELLE.

Le Seigneur JESUS-CHRIST doit être notre modèle chrétiens; nous dévons nous sacrifier pour les autres!

Nous dévons démeurer ferme dans la foi en JESUS-CHRIST dans les pérsécutions, les maladies, les souffrances, dans les tourments, dans les pleurs pour être un modèle à ceux qui viennent au Seigneur JESUS. Le Seigneur

JESUS lui-même est notre modèle pour ceux qui viennent à DIEU'.

POUVONS-NOUS EXERCER QUELQUES PRATIQUES DE LA LOI?

Le Seigneur JESUS a dit: je ne suis pas venu abolir la loi ni les prophètes mais plutôt l'accomplir.

DIEU dans la loi se servait d'animaux et d'oiseaux et de leurs sangs, pour les sacrifices; mais dans la GRACE, DIEU se sert du corps de JESUS pour nos sacrifices.

LUC 22:14-20: -l 'heure étant venue, il se mit à table, et les Apôtres avec lui. Il leur dit: j'ai désiré viveMent de manger cette paque avec vous, Avant de souffrir; car, je vous le dis, je ne la Mangerai plus, jusqu'à ce qu'elle soit Accomplie dans le royaume de DIEU Et ayant pris une coupe, et rendu grâce Il dit: prenez cette coupe, et distriuez-la Entre vous; car je vous le dis, je ne boirai Plus desormais du fruit de la vigne, jusqu'à ce Que le royaume de DIEU Soit venu. Ensuite il prit du pain, et après avoir rendu Graces, il le rompit et leur donna, en disant: *ceci est mon corps, qui est donné pour vous; faites ceci en memoire" de moi".* Il prit de même la coupe, après Le souper, et la leur donna, en disant: *cette coupe est la nouvelle alliance en mon sang" qui est repandu pour vous.*

*comprenez que le corps du Seigneur JESUS qui est le PAIN et le SANG qui est le vin, ont pris directement la place des animaux, des oiseaux et leurs sangs pour:

- les sacrifices de cupabilité

-les sacrifices d'expiation

-les sacrifices d'actions de grâce -sur toutes cérémonies qui démandaient les animaux,Les oiseaux et leurs sangs

-sur la consécration des sacrificateurs

-Sur la purification de la lèpre

*le repas du Seigneur est la formule que Dieu" nous donnés aujourd'hui!

Donnez-moi vos coeurs maintenant et ecoutez:

*les sacrifices d'expiation, les sacrifices de cupabilité ont été établis pour une categorie de pechés.

ECOUTEZ! – la délivrance d'un sorcier(re), un magicien(ne), De celui qui invoque des esprit, d' un féticheur, de Ceux qui pratiquent les intérdits ne se fait pas de la Manière que celle d'un voleur, d'un menteur etc..

La délivrance d'une personne très possédée ne se Fait pas de la même manière que celle d'un Orgueilleux etc...

Ecoutons! Marc 9: 14-29: - lorsqu'ils furent arrivés près des Disciples, ils virent autour d'eux une grande foule Et les scribles qui discutaient avec eux.

Dès que la foule vit JESUS, elle fut surprise, et on accourut pour le saluer. Il leur demanda: sur quoi discutez-vous avec eux? Et un homme de la foule lui répondit: MAITRE, j'ai amené auprès de toi mon fils, qui est possédé d' un esprit muet. En quelque lieu qu'il le saisisse, il le jette par terre; l' enfant écume, grince des dents, et dévient tout raide. J'ai prié tes disciples de chasser l'esprit, et ils n'ont pas pu. Race incrédules, leur dit JESUS, jusques à qaund serai-je avec vous? Jusques à quand vous supporterai-je? Amènez-le-moi. On le lui amena. et aussitôt que l'enfant vit JESUS, l'esprit l'agita avec violence; il tomba par terre, et se roulant en écumant. JESUS démanda au père: combien y-a-t-il de temps que cela lui arrive? Dépuis son enfance, répondit-il. Et souvent l'esprit l'a jeté dans le feu et dans l'eau pour le faire périr. Mais si tu peux quelque chose, viens à notre sécours, aie compassion de nous. JESUS lui: si tu peux!...

Tout est possible à celui qui croit. aussitôt le père de l'enfant s'écria: je crois! Viens au sécours de mon incrédulité!

JESUS, voyant accourir la foule, ménaça l'esprit impur, et lui dit: esprit muet et sourd, je te l'ordonne, sors de cet enfant, et n' y rentre plus. Et il sortit en poussant des cris et en l'agitant avec une grande violence.

L'enfant dévint comme mort, de sorte que plusieurs disaient qu'il était mort. Mais JESUS, l' ayant pris par la main, le fit lêver. Et il se tint débout. Quand JESUS fut entré dans la maison, ses disciples lui démandèrent en particulier: pourquoi n' avons-nous pu chasser cet esprit? Il leur dit:

cette espèce-là ne peut sortir que par la prière

Matthieu 17: 21: - mais cette sorte de démon ne sort que Par la prière et le jeune.

*les sorciers , les magiciens, les féticheurs, sont serviteurs de satan après avoir été à table de démons; et "ils doivent aussi passer à table du Seigneur JESUS pour naître de nouveau"

- *"–ils doivent manger le corps du Seigneur Jesus et boire son sang: par la sainte cene" qui est le repas duseigneur.*

la sainte cene sera pour eux l'expiation de peché et la transmission du pouvoir de Dieu

celui qui a tue un homme a sur lui l'esprit de cet homme et il doit passer "au repas du seigneur" pour " l'expiation de son péché."

*CELUI QUI COMMET L'ADULTERE A L'ESPRIT DE MORT EN LUI-car la loi condamne à la mort les adultères.il doit passer à la sainte- scène pour l'expiation de son péché.

"N'est-ce-pas que les fautes, les péchés que nous commettions après avoir réçu le Seigneur JESUS doivent être expiés?"

Le Seigneur JESUS n'est pas venu abolir la loi, ni les prophètes, c'est pourquoi vous verez que le Seigneur JESUS après avoir guéri un lépreu, il lui dira d'aller se montrer au sacrificateur pour faire l'offrande que MOISE a préscrite, afin que cela leur serve de témoignage. matthieu 8: 1-4

QUEL TEMOIGNAGE?

-que le seigneur Jeaus n'est pas venu ignorer Moise" (c'etait avant l'institution de la sainte cene- aujourd'hui! l'offrande de purification se fait par la sainte-cene)

"Jesus, Moise et Elie se sont entretenus tous 3 pour nous montrer que les 3 constituent les institutions de Dieu; et le seigneur Jesus" est reste seul pour nous enseigner que les 3 se resument en" 1" en "Jesus".

lorsque vous participez au sang et à la chair du Seigneur Jesus-par la" sainte- scène" la mort est aneantit et celui qui a la puissance de la mort satan, est egalement aneantit". heubreux 2: 14

"la sainte- cene anéanti le pouvoir de démons, esprits impurs dans la vie de celui qui la mange!

"la sainte-cene anéanti le pouvoir des sorciers, des magiciens, des féticheurs, etc... dans la vie de celui qui la mange!

"Quand un sorcier, magicien, féticheur, etc...participe a la sainte-cene, il se dépouille de son pouvoir et s'il ne se repent pas vite d'avoir manger indignement le corps DE CHRIST, il sera en jugement contre lui-même, il peut dévenir infirme, malade, et même mourir. C'EST POURQUOI VOUS VERREZ DE MORT SUBITE. Et alors, quand un sorcier(re), un magicien(ne) etc...mange la sainte-scène après la repentance, *le corps et le sang du seigneur jesus-christ chasse en lui,le corps et le sang de satan, le diable en lui.*

"*quand un adultère mange le corps du seigneur jesus et boit son sang après la repentance, le sang et le corps du seigneur jesus chasse la mort en lui, car par le sang il y a la remission du peche!*

Dieu a aussi parle du sacrifice consernant le bien mal acquis!

ecoutons! levitique 5: 20-26: l'eternel parla a Moise et

Dit: lorsque quelqu'un péchera et commettra une infidélité envers L'ETERNEL en menttant à son prochain au sujet d'un dépot, d'un objet confié à sa garde, d'une chose perdue, ou en faisant un faux serment sur une chose quelconque de nature à constituer un péché; lorsqu'il péchera ainsi et se rendra coupable,il réstituera la chose qu'il a volé ou soustraire par fraude, la chose qui lui avait été confiée en dépot, la chose pérdue qu'il a trouvée, ou la chose quelconque sur laquelle il a fait un faux serment.

Il la réstituera en son entier, y ajoutera un cinquieme et la rémettre à son propriétaire, le jour même où il offrira son sacrifice de cupabilité. Il présentera au sacrificateur en sacrifice de cupabilité à l'Éternel pour son péché un bélier sans défaut, pris du troupeau d'apres ton estimation.et le sacrificateur fera pour lui l'expiation devant L'ETERNEL, et il lui sera pardonné, quelque soit la faute dont il se sera rendu coupable.

Beaucoup de personnes ont escroqués des gens, et après avoir rempli leurs poches, ils courent vite dans des églises, pour dévenir members et montrer aux gens qu 'ils ont changés et abandonnés leurs mauvaises actions!

Ecoutez-moi hypocrites! –Ce n est pas tous ceux qui dissent SEIGNEUR! SEIGNEUR! Qui entreront Dans le royaume de cieux, seulement Ceux qui font la volonté DE DIEU. MATTHIEU 7:21

La volonté DE DIEU est que nous l'adorons EN ESPRIT ET EN VERITE! On ne trompe pas DIEU, ce qu'un homme aura semé, il le moisonnera. Si tu sèmes le bien, tu moisonneras la paix et si tu sèmes le mal, tu moisonneras le trouble. GALATES 6:7

L'heure est venue où tu dois te répentir, ceux-là que tu as escroqué sont-là, tu les connais; et les biens que tu as proviennent de ces gens-là, sers-toi de ce que tu as, paies tes dettes et DIEU te pardonnera.

S'il faut même vendre tes biens, vend-les pour t'acquiter devant DIEU, devant satan et devant les hommes!

*Si tu ne le sais pas, satan est un grand accusateur, il t'exposera encore lui-même devant DIEU; et il profitera par cette porte à rendre ta vie très misérable.

*Toute souffrance n'est pas le baptême de feu, il y aussi la souffrance *dans L'ETANG DE FEU"*. MATTHIEU 3: 12

- LE SEIGNEUR JESUS A DIT A UN HOMME RICHE VEND TOUT TES BIENS ET SUIS-MOI!

Ecoutons! Matthieu 19: 16-26: - Et voici, un homme s'appro-Cha et dit à JESUS: maître, Que dois-je faire de bon pour avoir la vie éternelle? Il lui répondit: pourquoi m'interroges-tu sur ce qui est bon? Un seul est bon. Si tu veux entrer dans la vie, observe les commandements. Lesquels? Lui dit-il. Et JESUS répondit: tu ne tueras point; tu ne déroberas point; tu ne diras point de faux témoignage; honore ton père et ta mère; et tu aimeras ton prochain comme toi-même; le jeune homme lui dit: j'ai observé toutes ces choses; que me manque-t-il encore?

JESUS lui dit: si tu veux être parfait, va, vends ce que tu possèdes; donne-le aux pauvres et tu auras un trésor dans le ciel. Puis viens, et suis-moi. Après avoir entendu ces paroles, le jeune homme s'en alla tout triste; car il avait de grands biens. *JESUS* dit à ses disciples: je vous le dis en vérité, un riche entrera difficilement dans le royaume des cieux.

Je vous le dis encore, il est plus facile à un chameau de passer par le trou d'une aiguilles qu'à un riche d'entrer dans le royaume DE DIEU. Les disciples, ayant entendu cela furent tres étonnés et dirent: qui peut donc être sauvé?

JESUS les regarda, et leur dit "aux hommes cela est impossible mais à *DIEU* tout est possible.

Le Seigneur Jesus n' est pas le Dieu de pauvres, il ne cherche pas à être entouré de pauvres; "l'or et l'argent l'appartient.

Cet homme riche, te réssemble, tu observes les lois DE DIEU, tu ne marches plus comme marche les paiens mais tu dois faire une chose: *-paies tes dettes meme s'il faut que tu sois exclu du rang de riches et tu seras partout avec le seigneur Jesus" et la bonne nouvelle pour tout ceux qui acceptent de perdre, est qu'ils gagneront en centuple de choses qu'ils ont acceptées de perdre à cause du Seigneur Jesus-christ"*

AU CAS OU IL N'Y A PERSONNE A RESTITUER?

ECOUTONS! NOMBRES 5: 5-10: - L'ETERNEL parla à MOISE, Et dit: parle aux enfants d'israel: lorsqu'un homme ou une femme péchera contre son prochain en commettant une infidélité à l' égard de L 'ETERNEL. Et qu'il se rendra ainsi coupable, il conféssera son péché, et il réstituera dans son entier l'objet mal acquis, en 'y ajoutant un cinquieme; il le rémettra à celui envers qui il s'est rendu coupable! S'IL N'Y A PERSONNE QUI AIT DROIT A LA RESTITUTION DE L'OBJET MAL ACQUIS, cet objet révient à L' ETERNEL, au sacrificateur outre le bélier expiatoire avec lequel on fera l'expiation pour le coupable. Toute offrande de choses consacrées par les enfants d'israel appartiendra au sacrificateur à qui elles seront présentées. Les choses qu'on aura consacrées lui appartiendront, ce qu'on lui aura remis lui appartiendra.

"le sacrificateur est la seule personne que Dieu" a etabli pour prendre le bien mal acquis lorsqu'il n'y a personne.

QUE FAIRE SI LA PERSONNE EST INCAPABLE DE PAYER A SON ENTIER L'OBJET MAL ACQUIS?

DIEU est amour, c'est pourquoi le Seigneur JESUS dit: - venez à moi, vous tous qui êtes fatigués et chargés.

prenez mon joug sur vous et récevez mes instructions, car je suis doux et humble de Coeur; et vous trouverez du répos pour vos âmes.

Le sacrificateur (PASTEUR) le taxera, et fera une estimation en rapport avec les réssources de cet homme. LEVITQUE: 27: 8

QUE FAIRE POUR CELUI QUI A OBTENU SA RICHESSE PAR LA MAGIE, FETICHISME ,ETC?...

Il doit aussi faire "la réstitution de ses biens mais dans ce cas, il le fera par *l'acte de rachat"* le sacrificateur le taxera avec l'aide du saint-esprit; et l' argent qu' il apportera, doit être appliqueé au travail de l'église , et ce sera un souvenir devant l'eternel pour le rachat de ses biens.(- vous pouvez vous acheter un terrain pour l'église; les outils de l'église, tout ce que vous ferez avec cet argent doit-être pour l'église de Dieu)

Pasteur ce n'est pas ton argent pour t' acheter une voiture, une maison, etc...

Le diable qui était la source de cette richesse viendra réclamer sa richesse et L' ANGE DE DIEU lui montrera le terrain acheté pour l'église, etc...et le diable sera incapable de révendiquer car *l'église du christ marche sur lui.* et lorsque l' ange lui montre ta voiture, maison, etc...attends-toi au desastre car , cela lui appartient.

Ne soyons pas cupide! DIEU a un salaire pour tous ces serviteurs qui le craignent!

après l'acte du rachat, il passera à la sainte-cene pour l'expiation de peché.

*Celle qui a réçu sa richesse par la prostitution doit aussi faire l' acte de rachat" et passer par la sainte-cene" pour l'expiation du péché. Ici le sacrificateur peut utiliser l'argent: c'est le même cas avec le bien mal acquis. NOMBRES 5: 5-10

-Tout celui qui s'est fait sa poche par les vols, par les détournements, EST DANS LE CAS DE BIEN MAL ACQUIS."

L'IMPACT DE LA SAINTE-SCENE!

Beaucoup de gens mangent *LA SAINTE-CENE SANS DISCERNER SON IMPACT DANS LA VIE D'UNE PERSONNE!*

Ecoutons! 1 conritiens 11: 23-34: - car j'ai réçu du SEIGNEUR Ce que je vous ai enseigné: c'est que *LE SEIGNEUR JESUS* dans la nuit où il fut livreé, prit du pain ,et après avoir rendu grâces, le rompit et dit : ceci est mon corps, qui est rompu pour vous; faites ceci en mémoire de moi. De même, après avoir soupé, il prit la coupe, et dit: cette coupe est la nouvelle alliance en mon sang, toutes les fois que vous en boirez.car toutes les fois vous mangez ce pain et que vous buvez cette coupe, vous annoncez la mort DU SEIGNEUR, jusqu'à ce qu'il vienne. C'est pourquoi celui qui mange le pain ou boira la coupe DU SEIGNEUR indignement, sera coupable envers *LE COPRS ET LE SANG DU SEIGNEUR.* Que chacun donc s'éprouve soi-même, et qu'ainsi il mange du pain et boive de la coupe; car celui qui mange et boit sans discerner "le corps du SEIGNEUR, mange et boit un jugement contre lui-même. C'est pour cela qu il y a parmi vous beaucoup d'infirmes et de maladies, et qu'un grand nombre sont morts. Si nous nous jugions nous-mêmes, nous ne serions pas jugés; mais quand nous sommes jugés, nous sommes chatiés par LE SEIGNEUR, afin que nous ne soyons pas condamnés avec le monde. Ainsi, mes frères, lorsque vous vous réunissez pour le repas, attendez-vous les uns les autres.

Si quelqu'un a faim, qu'il mange chez lui, afin que vous ne vous réunissez pas pour attirer un jugement sur vous; je réglerai les autres choses quand je serai arrivé.

Le prémier méssage que j'ai écouté *de mon père spirituel, Papa richard n'konji était sur "la sainte-cene"*. J 'était très éffrayé en écoutant son enseignement et j' avais promis à moi-même que je ne mangerai pas *"la sainte-cene" si on me donna. quand j'ai connu christ- juillet 1995 —la sainte-cene est devenue ma nourriture très, très, Très...preferée car à chaque fois je la mange christ developpe en moi"*

*dans la sainte-cene l'homme mange le corps du seigneur jesus-christ" et boit son sang

QUEL EST L' IMPACT DU CORPS DU SEIGNEUR JESUS-CHRIST?

ECOUTONS! JEAN 3: 14-16: - et comme MOISE éleva "le ser-Pent dans le désert, il faut de même que LE FILS DE L'HOMME soit élevé afin que quiconque croit en lui, ait "LA VIE ETERNELLE. Car DIEU a tant aimé le monde qu'il a donné son FILS UNIQUE afin que quiconque croit en lui ne périsse point mais qu'il ait LA VIE ETERNELLE".

ECOUTONS! NOMBRES 21: 1-9: -le roi d'arad cananéen, qui Habitait le midi, apprit qu'israel venait par le chémin d'atharim. Il combattit Israel, et emmèna des prisonniers. Alors Israel fit un voeu à L' ETERNEL et dit: si tu livres ce peuple entre mes mains, je dévouerai ses villes par intérdit. L'ETERNEL entendit la voix d'israel, et livra les cananéens. On les dévoua par intérdit, eux et leurs villes; et l'on nomma ce lieu HORMA. Ils partirent de la montagne de hor par le chémin de la mer rouge, pour tourner le pays d'edom. Le peuple s'impatienta en route, et parla contre DIEU et contre MOISE: pourquoi nous avez-vous fait monter hors d'égypte , pour que nous mourions dans le désert? Car il n'y a point de pain, et il n'y a point d'eau, et notre âme est dégoutée de cette misérable nourriture. Alors L'ETERNEL envoya contre le peuple des serpents brûlants; ils mordîrent le peuple, et il mourut beaucoup de gens en Israël. Le peuple vint à MOISE, et dit: nous avons péché, car nous avons parlé contre L'ETERNEL ET CONTRE TOI". Prie L'ETERNEL, afin qu'il éloigne de nous ces serpents. MOISE pria pour le peuple"

L'ETERNEL DIT A MOISE:- FAIS-TOI UN SERPENT BRULANT, et place-le sur une perche;quiconque aura été mordu, et le régarda, conservera la vie. MOISE fut un serpent d'airain, et le plaça sur une pêrche; et quiconque avait été mordu par un serpent, et régardait le serpent d'airain, conservait la vie.

Le corps *DU SEIGEUR JESUS* symbolise "*LA MORT DE JESUS.*"

c'est par le corps de Jesus qu'il y a la vie pour l'humanité; "le corps du seigneur Jesus délivre l'homme de la mort"; celui qui mange "le corps du seigneur jesus mange la guérison à son problème".

*celui qui croit que le corps la mort du Seigneur Jesus délivre à la mort, a la vie eternellle". voilà pourquoi le seigneur Jesus dira:" qu 'il sera eleve et quiconque croira a sa mort aura la vie eternelle". celui qui confesse que la mort" du Seigneur Jesus donne la vie, Dieu directement rélache "la guerison à la vie de cette personne."

*mon frère, ma soeur, la prière de la foi amènera Dieu à rélacher les miracles dans ta vie! c'est pourquoi lorsque vous priez, parlez avec odasse, avec assurance que la mort du seigneur Jesus est," la vie a tes problemes.

voila comment prier: - fils unique du dieu vivant SEIGNEUR JESUS-CHRIST, je crois que ta mort donne la vie à tout mes problèmes, car DIEU nous a donné ta mort" pour la guérison de nos problèmes, quelques soient leur gravité. Je crois que ta mort donne la vie aux poumons. DIEU Rélachera sa guérison lorsque tu témoignes avec assurance la mort Du seigneur jesus; tout celui qui honore le Seigneur Jesus, Dieu l'honorera aussi"

Dieu agit que par le Seigneur Jesus" et sans Jesus il n'y a point de salut, de guérison, de miracles, de prodiges provenant de dieu d'abraham, d'isaac, et de jacob.

*-je crois que ta mort Seigneur Jesus, donne la vie au coeur, je veux dire que ta mort guerit......7 fois (cites la maladie du coeur que tu as).-je crois que ta mort Seigneur Jesus, donne la vie au sang, je veux dire que ta mort guerit......7 fois (cites la maladie du sang que tu as).

*-je crois que ta mort Seigneur Jesus, donne la vie a la chair, je veux dire que ta mort guerit......7 fois(cites la maladie de peau que tu as).

*-je crois que ta mort seigneur Jesus, donne la vie aux pieds, je veux dire que ta mort affermit les pieds: " leves-toi et marche au nom du Seigneyr Jesus-christ.   7 fois.

*-je crois que ta mort Seigneur Jesus, donne la vie aux yeux,je veux dire que ta mort ouvre les yeux des aveugles:" ouvre tes yeux et et vois au nom du Seigneur Jesus-christ."   7 fois

*-je crois que ta mort Seigneur Jesus, donne la vie aux oreilles, je veux dire que ta mort ouvre les oreilles:" ecoute et entends an nom du Seigneur Jesus-christ"   7 fois

*-je crois que ta mort Seigneur Jesus, donne la vie a la bouche, je veux dire que ta mort ouvre la bouche:" ouvre ta bouche et parle au nom du Seigneur Jesus-christ..."   7 fois

*-je crois que ta mort Seigneur Jesus ,donne la vie a toute infirmite, je veux dire que ta mort Seigneur JESUS DONNE donne la force au paralytique et il marche: " leves-toi sur ton lit et marche au nom du Seigneur Jesus-christ...."   7 fois

*-je crois que ta mort Seigneur Jesus, donne la guerison a toute sortes de maladies, je veux dire que ta mort guerit le sida" – que ton sang soit pur au nom du Seigneur Jesus et va t' examiner......   7 fois

*-je crois que ta mort Seigneur Jesus , donne la vie a toutes sortent de maladies, je veux dire que ta mort Seigneur Jesus guerit le cancer dans tout ces noms:" sois gueri au nom du Seigneue Jesus-christ et va t'examiner."   7 fois

*-je crois que ta mort Seigneur Jesus, donne la vie a toutes sortes de maladies, je veux dire que ta mort Seigneur Jesus guerit la diabete:" sois gueri au nom

du Seigneur Jesus-christ et va t' examiner." ....   7 fois

*-je crois que ta mort Seigneur Jesus, donne la vie aux os, je veux dire que ta mort Jesus, guerit toutes maladies des os:" sois gueri au nom de Jesus-christ"........7 fois

*-je crois que ta mort Seigneur Jesus, donne la vie aux matrisses, je veux dire que ta mort Jesus donne les enfants a la femme sterile:" concoit au nom de Jesus-christ......7 fois

*-je crois que ta mort Seigneur Jesus, donne de promotion: " reçois la promotion au nom de Jesus-christ........7 fois

*-je crois que ta mort donne la prosperite: " reçois le succes au nom de Jesus-christ.....7 fois

*-je crois que ta mort Seigneur Jesus rend riche:" recoit la richesse au nom de Jesus-christ"....7 fois

*-je crois que ta mort Jesus rend victorieux:" reçois la victoire dans toutes tes entreprises au nom de Jesus-christ"....7 fois

*-je crois que ta mort Seigneur Jesus fait pousser les parties du corps coupees......7 fois : que ton membre pousse au nom de Jesus-christ, qui a formé l'homme par ses propres mains lorsque meme une partie du corps de

l'homme n'existait pas. tout est possible a celui qui croit.

*que le Dieu qui m'est apparu dans le feu pour te transmettre sa parole, témoigne sa parole dans ta vie par de guérisons, miracles, prodiges, de grands signes, par de merveilles...

*sers-toi de la mort du Seigneur Jesus pour prier pour quelqu'un d'autre. une ferme assurance donne naissance à un temoignage"!

QUEL EST L' IMPACT DU SANG DU SEIGNEUR JESUS-CHRIST?

Le sang symbolise la vie! Le sang du Seigneur JESUS-CHRIST symbolise la vie LA VIE DE JESUS-CHRIST.

*LE CORPS ET LE SANG DU SEIGNUER JESUS-CHRIST sont " les armes de DIEU pour nous pour combattre satan ,ses démons, les dieux de nations, les sorciers,magiciens, féticheurs, tout son royaume.....aux siècles des siècles.

*la vie du Seigneur Jesus est la vie du redempteur! Jesus est le redempteur! donc quand tu bois le sang du Seigneur Jesus, tu bois la rédemption de ta vie".

*c' est par le sang du Seigneur Jesus- christ " l'ordonnance qui nous condamnait a mort est effacee.143

*lorsqu' Adam pécha contre Dieu, tout les fruits de ses entrailles étaient aussi condamnés a mort : - voila l'ordonnance a question. job 14: 4

* le sang du Seigneur Jesus ôte les peches que nous avons commis individuellement et que nous commettons; cad le sang les rend inexistable!

Comprenez qu'une fois, vous accéptez que le sang du Seigneur Jesus-christ "ôte le péché quelque soit son état, directement l' ordonnance de vos iniquités sont éffacée et le diable sera sans dossier" pour t'accuser devant Dieu.

*tu seras libre de conscience selon ta foi dans le sang du Seigneur Jesus-christ"

ecoute mon enfant!: " il sera beaucoup pardonné à celui qui croit beaucoup au travail du sang du Seigneur Jesus-christ."

ecoute mon ami: "– Moïse a été donné pour une seule nation, la postérité d' abraham , d'isaac, et de jacob(selon la chair). pour enseigner la voie de Dieu. nous, africain , américains, européens, asiatiques,oceanis n'étions pas appelés les peuples de Dieu;

mais Dieu par son grand amour, il a envoyé son fils unique Jesus-christ (- unique cela veut dire qu'il est le seul qui a tous les esprits de Dieu en lui) pour se faire de toutes les peuples de la terre son peuple par le sang du Seigneur Jesus-christ"; et ce sang nous rend fils d'abraham, d'isaac, et de jacob.

*ecoutons les paroles de ceux qui siegent autour de Dieu, revelees au serviteur du Seigneur Jesus-christ, Jean par l'ange de Dieeu. apocalypses 5: 8-10.

Apocalypses 5: 8-10: -quand il eut pris le livre, les quatres etres vivants et les vint-quatres veillard se prosternèrent devant l'agneau, ténant chacun une harpe et des coupes d'or remplies de parfums; qui sont les prières de saints. et ils chantaient un cantique nouveau en disant: tu es digne de prendre le livre, et d' en ouvrir les sceaux, car tu as ete immole et tu as rachete pour dieu" par ton sang" des hommes de toute tribu, de toute langue, de tout peuple, et de toute nation; tu as fait d'eux un royaume et des sacrificateurs pour notre dieu et ils regneront sur la terre"

-le sang du Seigneur Jesus-christ" a le pouvoir d' effacer la marque de perdition 666, le nom de la bete sur toute personne qui accepte Jesus-christ pour son Maitre" et Seigneur".

Ecoutez le minstere de la mort du Seigneur Jesus-christ: lorsque adam" pécha, il est déscendu au séjour des morts" c'est à dire sa vie" sa famille", sa posterite", sa sante" , sa joie," tout les meilleurs de l' homme etait descendu avec lui dans le sejour de morts!. et il a fallu quelqu'un pour y déscendre aussi pour"ramèner à la vie par son sang" l'homme " , sa vie", sa famille", sa postérité", sa santé", sa joie", tout les meilleurs de l'homme!

et le corps du Seigneur Jesus-christ" a permit Jesus de descendre au sejour de morts, et le sang" du Seigneur Jesus-christ a permit Jesus-christ de remonter et de racheter a la vie , l'homme ", sa vie" , sa famille", sa posterite", sa sante" , sa joie", tout les meilleurs de l'homme.

Sers-toi aussi du sang du Seigneur Jesus-christ lorsque tu pris, et aie la foi" dans le sang qu'il ramene a la vie toutes choses enterees, et tu chanteras un nouveau cantique : j 'avais le sida, et le sang du Seigneur Jesus a purifier mon sang" *si tu crois beaucoup au sang du Seigneur Jesus-christ , tu verras aussi beaucoup de grandes choses dans ta vie!

voila comment prier: - fils unique du Dieu vivant Seigneur Jesus-christ, je crois que par ta mort tu es descendu dans le séjour de morts pour rachêter par ton sang "ma vie et mes biens". "je crois que ton sang est approuvé par Dieu pour breuvage pour ramener a la vie , ma vie et mes biens.

*-je crois que ton sang, Seigneur Jesus-christ guerit et je l'applique sur mon coeur pour sa guerison....7 fois (cites la maladie du corps que tu as)

*-je crois que ton sang Seigneur Jesus guerit, et je l'applique sur mes poumons....7 fois (cites la maladie du poumon que tu as)

*-je crois que ton sang Seigneur Jesus purifie, et je l'applique sur mon corps pour enlever la marque de celibat.....7 fois

*-je crois que ton sang, Seigneur Jesus-christ delivre et je l'applique dans mon coeur pour deraciner les semences du diable: -jalousie, -orgueille,-calomnie,mensonge,-vol,-cupudite,-impudicite etc....7 fois

*-je crois que ton sang, Seigneur Jesus- christ guerit et je l'applique dans mon sang pour me guerir du sida....7 fois

*-je crois que ton sang, Seigneur Jesus-christ delivre et je l'applique a mon esprit pour couper les liens de mariage de nuit....7 fois

*-je crois que ton sang Seigneur Jesus-christ opere de miracles et je l' applique a mes yeux pour enlever les ecailles d'aveuglements: "ouvres tes yeux et vois au nom de jesus-christ"....7 fois

*-je crois que ton sang, Seigneur Jesus-christ opere de miracles et je l'applique a mes oreilles pour enlever les ecailles de la sourdite: " ecoutes et entends au nom de Jesus-christ"....7 fois

*-je crois que ton sang Seigneur Jesus-christ opere de miracles et je l' applique dans ma bouche pour enlever le cadenat....7 fois

*-je crois que ton sang Seigneur Jesus-christ opere de miracles et je l' applique a mes pieds pour marcher:" leves-toi au nom de Jesus-christ et marche".......7 fois

*-je crois que ton sang Seigneur Jesus-christ opère de miracles et je l 'applique sur mon coprs contre la paralysie:" leves-toi et marches au nom de Jesus-christ....7 fois

*-je crois que ton sang Seigneur Jesus-christ guerit et je l 'applique a mes os pour la guerison.....7 fois

*-je crois que ton sang Seigneur Jesus-christ guerit et je l' applique a ma matrisse pour sa guerison: "sois feconde au nom de Jesus-christ....7 fois

*-je crois que ton sang Seigneur Jesus- christ guerit et je l'applique sur ma chair pour sa guerison...7 fois

*-je crois que ton sang Seigneur Jesus-christ guerit et je l'applique sur moi pour être guérit du cancer, diabète, tuberculose...7 fois

*-je crois que ton sang Seigneur Jesus prospère et je l 'applique sur mes mains pour prosperer à tous égards.....7 fois

*-je crois que ton sang Seigneur Jesus-christ prospère et je l'applique sur mes pieds pour marcher de victoire en victoire....7 fois

*-je crois que ton sang Seigneur Jesus-christ donne du travail et je l'applique sur mes diplômes pour trouver du travail...7 fois

*-je crois que ton sang Seigneur Jesus-christ protège et je l'applique sur ma voiture pour me prevenir d'accident.....7 fois

*-je crois que ton sang Seigneur Jesus-christ protège et je l' applique sur ma maison pur la prevenir de brigands....7 fois

*-je crois que ton saner Jesus protège et je l 'applique sur mes enfants contre les mauvais amis...7 fois

*-je crois que ton sang Seigneur Jesus-christ protège et je l'applique sur ma femme contre l'infidelité...7 fois

*-je crois que ton sang Seigneur Jesus-christ protège et je l' applique sur mon mari contre l'infidelité, l' assassinat etc...

c'est à toi de formuler de phrases, tout en ayant une ferme assurance que le sang du Seigneur Jesus-christ, rachète, protège, délivre, guérit, etc...

Le corps" et le sang du Seigneur Jesus-christ sont les deux armes de Dieu qui ont réduis le diable, satan à zero."sers-toi toujours de ces deux armes lorsque tu pries."

"le sang du Seigneur Jesus-christ a aussi le pouvoir de faire pousser les membres du corps coupés."

*la crainte de Dieu sont les minissions de ses deux armes! la crainte de Dieu est de récevoir le Seigneur Jesus-christ pour guide.

*il y a une seule personne que Dieu a témoigné dans la bouche de Moïse, des prophètes, des Anges pour servir d'intermediaire entre Dieu et les hommes: "le Seigneur Jesus-christ"

-les enseignements du Seigneur Jesus-christ sont approuvés par Dieu pour être observés par les hommes. En effet, le Seigneur Jesus ne parlait pas de lui-même, mais plutôt, il transmettait ce que le Père lui avait ordonné de parler au monde. Le Seigneur Jesus-christ n'est pas venu faire sa volonté mais plutôt la volonté de celui qui l'a envoyé. Et celui qui écoute Jesus-christ, croit au Dieu d'Abraham, d'Isaac, et de Jacob. Dieu a rémis toute son autorité en Jesus" violà pourquoi le Seigneur Jesus disait et dit : -celui qui m'a vu , a vu le Père; celui qui a le Père m' a vu. Moi et le Père nous sommes un".

Je sais que tu es scandalisé en écoutant cela, comme les gens qui ont été avec le Seigneur Jesus dans la chair! Jean 14: 8-9.

Ecoute! le Père a rendu lui-même le Seigneur Jesus-christ égal à lui:

-le Père ressuscite les morts et il a donné au Fils le pouvoir de ressusciter les morts.

-le Père pardonne les péchés et il a donné au fils le pouvoir de pardonner les péchés.

-le Père donne la vie éternelle et il a donné au fils le pouvoir de donner la vie éternelle.

Et de plus, il lui a donné ses 7 esprits de Dieu. voilà pourquoi il est appelé "fils unique". il n'y a rien le Père fait que le fils ne peut pas faire. cépendant celui qui honore le fils, "honore le père"; celui qui réconnait l'autorité du fils", réconnait l'autorité" du Père"; celui qui appèlle christ Père, réconnait le Père, Père.

*celui qui n'est croit pas que le Seigneur Jesus christ est égal au Père, réjette le Père.

*heureux! celui qui croit que christ" est le Père car "il fera aussi les oeuvres que Jesus-christ a fait et il en fera de plus grandes parcequ' il est allé au Père qui est plus grand que lui. "Jesus est le Père"

Je m'étonne lorsque les gens dissent : -les plus grandes choses que le Seigneur JESUS" a parlé sont " *LES INVASIONS"(LA TECHNOLOGIE).*

INCREDULES! -Ne comprends-tu pas qu'un "oiseau est plus Grand qu'un avion;-" un cheval plus qu' une Voiture";-un homme plus qu'une machine."

Le Seigneur *Jesus a dit celui qui croit en lui fera les oeuvres qu 'il a fait et il en fera de plus grandes! c'est –à-dire celui qui croit"- qu'il est le Pere"*

les savants qui ont fait ces invasions, ont-ils cru en "Jesus?" ils croient que: "Jesus est le Pere?"

Les plus grandes: - c'est –à-dire en plus grand nombre:

*-s'il a guerit mille malades, à son nom nous guérirons plus de mille

*-s'il a ressuscite un mort après 4 jour, à son nom, nous ressucsciterons plus de 4 jours.

*-s'il a ouvert les yeux de 2 mille aveugles, à son nom, nous ouvrirons plus de 2 mille.

*-s'il a ouvert les oreilles de 3milles sourds, à son nom , nous ouvrirons plus de 3 mille.

*-s'il a ouvert la bouche de 4 mille muets, à son nom, nous ouvrirons plus de 4 mille.

*-s'il a fait marcher 5 mille impotents ,à son nom , nous ferons marcher plus DE 5MILLE.

*-S'IL A MARCHER A 100 METRES SUR LES EAUX , A SON NOM ,NOUS MARCHERONS PLUS DE 100METRES.

NB: - Il n' y a pas un miracle plus grand" que l'homme peut Faire avec L'ESPRIT DE DIEU QUE JESUS n' a pas fait

" le monde et tout ce qu'il renferme ont été crée par JESUS-CHRIST". JEAN 1 : 1-3

*- LA CREATION DE L'HOMME EST PLUS QUE LE MIRACLE D'UN MEMBRE DE CORPS QUI POUSSE"

-" La technologie n'est pas mauvaise, elle nous aide aussi à prêcher " l'évangile de JESUS partout dans le monde, par la télévision, radio, internet, cellephone etc...

*un jour, quelqu'un me dira: " Pasteur, les invasions sont des inspirations diabolique!" JE LUI AI REGARDE et dis: - Apprends aujourd'hui que même "le diable, satan sers LE DIEU VIVANT.

Donc, si la technologie vient du diablesatan, alors "le diable est dans *"LA PERSEVERANCE* en servant *LE DIEU VIVANT* car l'évangile de "JESUS"est plus facilité d'être écouté!

Je lui dis encore:-"le diable, satan a servi DIEU en "tuant JESUS-CHRIST; car DIEU avait besoin de sa mort" pour se réconcilier avec l'homme"

Pour finir avec lui, je lui dis:-"rétiens que *DIEU* est la source de toute intélligence, sagesse, connaissance"

Un savant est déjà très, très intélligent dans le ventre de sa mère et *"D'OU LUI VIENT L'INTELLIGENCE?....BIEN SÛR DE DIEU"*

REVENONS SUR L'IMPACT DE LA SAINTE-CENE DANS LA VIE D'UNE PERSONNE QUI LA MANGE!

*Celui qui mange "la sainte-cene avec un Coeur "pur"ANNONCE LA MORT DU SEIGNEUR ET LA RESSURECTION DU SEIGNEUR. " IL ANNONCE QUE " JESUS-CHRIST EST VIVANT"

*Il annonce que le Seigneur JESUS-CHRIST a vaincu le diable, satan,*il annonce que le Seigneur JESUS-CHRIST est à la "droite du PERE;*il annonce que le Seigneur JESUS-CHRIST EST LE CHEMIN,LA VERITE, ET LA VIE;*il annonce que le Seigneur JESUS-CHRIST a rachêté" sa vie et tout ses biens." LORSQUE TU TEMOIGNES VICTOIRE, TU VERAS CETTE VICTOIRE!

*-Lorsque tu es souillé par le péché et tu manges " la sanite-cene", sache que " tu es " coupable envers *LE CORPS ET LE SANG* du Seigneur"; tu te mets en "jugement contre toi-même.

*-Examines-toi avant de manger *LE CORPS DU SEIGNEUR ET DE BOIRE SON SANG* de peur que "tu manges et boive le jugement! C'est pourqoui, vous verrez dans des églises de gens avec de maladies incurables, de gens qui perdent leurs parties de corps" par des accidents; de gens qui dévienent infirmes; de gens meurent beaucoup!

ECOUTE! C'est devant satan, les démons, les dieux de nations ,les magiciens , les sorciers, des féticheurs, etc...que nous témoignons que "le Seigneur *JESUS-CHRIST EST VIVANT*". Cépendant lorsque tu témoignes le Seigneur *JESUS-CHRIST EST VIVANT*",ils doivent aussi voir le Seigneur *JESUS-CHRIST* en toi. Et alors, lorsqu'il n'est pas en toi, "tu es sans protection; ils viennent vite te torturer avec "la maladie, ou une infirmité, des problèmes pour t'amener à détester" la voie *DE DIEU OU MEME TE TUER! ACTES 19: 13-16*

La vie de sanctification est"l'argent d'accomodation que nous payons au Seigneur *JESUS DE DEMEURER EN NOUS! JEAN 15:4*

*celui qui n'est pas nait de nouveau, ne peut pas manger" *LA SAINTE-CENE!*

*Lorsque tu acceptes l' évangile du Seigneur JESUS-CHRIST, ALORS TU DOIS ETRE BAPTISE "D'EAU ET D'ESPRIT. JEAN 3: 5

LE BAPTEME D'EAU!

Ecoutons! Matthieu 3: 1-12:- en ce temps-là parut JEAN-BAPTISTE préchant dans le désert de judée. Il disait: repentez-vous, car le royaume des cieux est proche. JEAN est celui qui avait été annoncé par ESAIE le prophète, lorsqu'il dit: c'est ici la voix de celui qui crie dans le désert: préparez le chémin du Seigneur, aplanissez ses sentiers. Jean avait un vêtement de poils de chameâu, et une ceinture de cuir autour des reins. Il se nourrissait de sauterelles et de miel sauvage. Les habitants de Jérusalem, de toute la judée et de tout le pays des environs du jourdain, se rendaient auprès de lui; et confessant leurs péchés, ils se faisaient baptiser par lui dans le fleuve du jourdain. Mais voyant venir à son baptême beaucoup de pharisiens et de saducéens, il leur dit: races de vipers, qui vous a appris à fuir la colère à venir: produisez donc du fruit digne de la répentance, et ne prétendez pas dire en vous-même; Nous avons *ABRAHAM POUR PERE*"! car je vous déclare que de ces pièrres-ci DIEU peut susciter des enfants à ABRAHAM". Déjà la cognée est mise à la racine des arbres: tout arbre donc qui ne produit pas de bon fruit sera coupé et jeté au feu. Moi, je vous baptise d'eau, pour vous amèner à la repentance; mais celui qui vient après moi est plus puissant que moi; et je ne suis pas digne de porter ses souliers. Lui, il vous baptisera du SAINT-ESPRIT et de feu. Il a son van à la main: il néttoiera son aire et il amassera son blé dans le grénier, mais il brûlera la paille dans un feu qui ne s'éteint point.

*le baptême d'eau est le baptême de repentance", c'est-à-dire l'homme doit prendre la décision d'abandonner ses mauvaises voies", et vivre dans la parole de DIEU"; une fois, tu es armé" de cette pensée, c'est alors ton baptême d'eau est agré" par DIEU et tu as maintenant l'accès au baptême D'ESPRIT.

*beaucoup de gens se font baptiser sans pour autant prendre la décision de se séparer du mal comme les pharisiens et les sadduciens. Ils croient qu'à se baptisant, ils obtiennent la "clef du royaume des cieux! Ils se baptisent pour tromper les gens qu'ils ont changé mais ils sont toujours sorciers, magiciens, ils pratiquent toujours les interdits!".......

LE BAPTEME SANS REPENTANCE EST NUL

-"on ne trompe pas DIEU, il met à découvert ce qui est caché dans les ténèbres, il produit à la lumière " l'ombre de la mort"

*Toi qui es sorcier(re), magicien(ne), féticheur, toi qui pratique les intérdits etc....et tu es " dans l'église DE DIEU, on t' appelle , FRERE, SOEUR, DIACRE, DIACONESE, SERVITEUR DiE DIEU, EVANGELISTE, PASTEUR, APOTRE, CHANTRE, SERVANTE DE DIEU, le temps a 'SONNE POUR TOI DE TE REPENTIR"! DIEU T'AIME!

-Prends courage! Va vers l'homme DE DIEU, dis-lui que tu es wsorcier(re), ou magicien(ne) ou féticheur ou tu pratiques les intérdits et au nom du Seigneur *JESUS-CHRIST* tu seras délivré de la sérvitude du diable,satan!

-N' ayez pas honte de confesser vos péchés. Celui qui régarde les hommes est privé DE VIE!

-*"toi qui es magicien(ne), sorcier(re),feticheur ou tu pratiques les interdits(tu invoques les morts , les esprits etc...) apportes tes livres diaboliques, tes instruments de travail pour être brulé par celui qui a " l'onction de Dieu"*

Ecoutons! Actes 19: 18-19: - plusieurs de ceux qui avaient cru Venaient confesser et déclarer ce qu'ils avaient fait. Et un certain nombre de ceux qui avaient exercé les arts magiques, ayant apporté leurs livres, les brulèrent devant tout le monde: on en estima la valeur à cinquante mille pièces d'argent.

*-toi qui es sorcier(re), prends tout tes instruments de trvail et apportes-les à l'église pour être brulés.

*-toi qui es magicien(ne) apporte tout tes livres magiques et tes instruments à l'église pour être brulés.

*-toi qui es feticheur, apporte tout tes instruments de travail à l'église pour être brulés.

Pendant que tu écoutes la voix DE DIEU n'endurcis pas ton Coeur! Si tu ne veux ne veux pas te répentir, DIEU mettra a nu ta personne et tu seras fouler aux pieds par les hommes. "Rien de cacher, restera toujours caché".

*- toi qui es prostituée, escrot, voleur, adultère, malfaiteur, criminel, etc... et tu es dans l'église de Dieu, on t' appelle " frère, soeur, ancien, diacre, diaconesse, serviteur de Dieu, evangeliste, pasteur, apotre, evêque, chantre, servante de Dieu, protocol, " le temps a sonné pour toi de te repentir! Dieu t'aime!

POUVONS-NOUS CONFESSER NOS PECHES DEVANT UN SERVITEUR DE DIEU?

Certainement oui! Il y a d'autres péchés que tu as commis qui démandent seul *LE SACRIFICATEUR* de faire *L'EXPIATION* pour toi devant DIEU. Souviens-toi que le Seigneur *JESUS-CHRIST* a dit: je ne suis pas venu abolir la loi" ni les prophètes". "Ta confession de péchés" pérmettra " l'homme *DE DIEU* à connaître quels esprits" il doit chasser lors de ta délivrance".

comme le cas:-*tu as tué une personne;-*tu as des

enfants qui ne sont pas de ton mari;-*tu es sorcier(re); *-tu es magicien(ne),*- tu es feticheur;*-tu pratiques les interdits; *-tu as vendu ta progeniture pour l'argent;

-tu as détruit la matrisse d'une femme;-tu as empoisonné quelqu'un; *- tu as escroqué qelqu'un;*- tu as transmit une maladie a quelq'un par conscience etc.........

*Dieu a établi le Seigneur Jesus-christ, sacrificateur pour toute l' humanité et le Seigmeur Jesus-christ a établi ton pasteur, sacrificateur sur toi"

Prends courage! Va vers l'homme *DE DIEU*, dis-lui que tu es" prostituée, escrot", voleur", adultère, malfaiteur, criminel" etc.... et par *LE SANG DE JESUS-CHRIST*, tu seras purifié de tes péchés"

Heureux! Celui qui fixe ses régards sur la croix DU Seigneur *JESUS-CHRIST*, car il sera sauvé de ses péchés.

LE BAPTEME D'ESPRIT!

Ecoutons! Jean 14: 18:- je ne vous laisserai pas orphelins, Je viendrai à vous.

Jean 14:26:-mais le consolateur, L'ESPRIT-SAINT Que LE PERE everra en mon nom,vous Enseignera toutes choses, Et vous rappellera tout ce que je Vous ai dit.

Jean 15: 26: -quand sera venu le consolateur, que Je vous enverrai de la part du PERE L'ESPRIT de vérité ,qui vient du père Il rendra témoignage de moi.

DIEU a dit: -je n'habiterai plus dans de maisons faites de mains d'homme, j' habiterai dans l'homme qui est mon temple. Ton "coprs devient *TEMPLE DE DIEU après LE BAPTEME D'EAU"! cependant puisque tu gardes la parole de DIEU, JESUS-CHRIST fera sa démeure en toi , par la PRESCENCE DU SAINT-ESPRIT EN TOI"*.

LE SAINT-ESPRIT, en toi te révelera les choses cachées et à venir sur ta vie", ta famille, de chose que tu ne connais pas,"il te révelera les mystères DE DIEU, il te révelera de choses..... LE SAINT-ESPRIT en toi, te fera SAGE parmi les paiens: - il ouvre l'intélligence, -il donne la connaissance,-tes yeux s'ouvriront pour voir de visions, de songes; - tes Oreilles s'ouvriront pour entendre des oracles DE DIEU; - ta bouche prophétisera les choses à venir. *DANIEL 6: 3   DANIEL 1: 19-20   ACTES 2:1-47   ACTES 10:38*

C'est par *LE SAINT-ESPRIT* dans l'homme que DIEU opère "les guérisons,"les miracles", les prodiges,"les grands signes....

Sans *LE SAINT-ESPRIT*, nous ne pouvons faire toutes ces choses. Voilà pourquoi le Seigneur *JESUS-CHRIST* dis:-sans moi, vous ne pouvez rien faire. JEAN 15: 5

LE SAINT-ESPRIT est L'ESPRIT DE DIEU DE JESUS-CHRIST!

*Heureux! Celui qui es preparé à récevoir *LE PERE ET SON FILS,* car ils se feront connaitre à lui"

ECOUTONS! I CONREITHIENS 2: 11-12:-lequel des hommes, en effet connait les choses de l'homme, si ce n'est l'esprit de l' homme qui est en lui? De même, personne ne connait les choses DE DIEU si ce n'est L'ESPRIT DE DIEU.

Or nous, nous n'avons pas réçu l'esprit du monde, mais L'ESPRIT qui vient DE DIEU, afin que nous connaissions les choses que DIEU nous a données par sa grâce"

La vie de sanctification, "garde LE SAINT-ESPRIT dans l'homme; et lorsque l'homme se plait au souillir" les démons qui habitaient auparavant, réviennent faire leurs démeures, cette fois-ci à un grand nombre. MATTHIEU 12: 43-45

ECOUTONS! MATTHIEU 12: 43-45:-lorsque l'esprit impur est sorti d'un homme, il va par des lieux arides, cherchant du répos, et s'il n'en trouve point. Alors il dit: je rétournerai dans ma maison d'où je suis sorti; et , quand ,il arrive, il la trouve vide, balayée et ornée(" – l'abscence du Saint-Esprit) il s'en va , et il prend avec lui sept autres esprits plus méchant que lui;ils entrent dans la maison , s'y établissent, et la dérnière condition de cet homme est pire que la prémière. Il en sera de même pour cette génération méchante (ceux qui ne garde pas la parole DE DIEU")

Celui qui prend la décision de se séparer du mal", celui qui croit réellement que JESUS-CHRIST à la parole de vie"est directement "BAPTISE EN ESPRIT PAR DIEU" DU BAPTEME D'EAU ET IL PEUT RECEVOIR " LE BAPTEME DU " SAINT-ESPRIT" avant même de passer au BAPTEME D'EAU". ACTES 10: 44-48.

ECOUTONS! ACTES 11: 44-48:-comme PIERRE prononçait encore ces mots, LE SAINT-ESPRIT déscendit sur tous ceux qui écoutaient la parole. Tous les fidèles circoncis qui étaient venus avec PIERRE furent étonnés" de ce que LE DON DU SAINT-ESPRIT était aussi répandu sur les paiens.car ils les entendaient parler en langues et glorifier DIEU.

Alors PIERRE dit: peut-on réfuser L'EAU" DU BAPTEME à ceux qui ont récu LE SAINT-ESPRIT aussi bien que nous? Et il ordonna qu'ils fussent baptisés *AU NOM DU SEIGNEUR*. Sur quoi ils le prièrent de rester quelques jours aupres d'eux.

LA CIRCONCISION QUI DONNE LE SALUT!

GENESE 17: 9-14:- DIEU dit à ABRAHAM: -toi tu garderas mon alliance, toi et tes déscendants après toi, selon leurs générations. C'est ici mon alliance, que vous garderez entre moi et vous, et ta postérité après toi; tout mâle parmi vous sera circoncis, vous vous circoncirez; et ce sera un signe d'alliance entre moi et vous., à l 'âge de huit jours, tout mâle parmi vous sera circoncis, selon vos générations, qu'il soit né dans la maison, ou qu'il soit acquis à prix d'argent de tout fils d'étranger, sans appartenir à ta race. On dévra circoncire celui qui est né dans la maison et celui qui est acquis à prix d'argent, et mon alliance sera dans votre chair une alliance pérpetuelle. Un mâle incirconcis, qui n'aura pas été circoncis dans sa chair, sera exterminé du milieu de son peuple: il aura violé mon alliance.

*DIEU auparavant habitait dans de maisons faites de mains d'homme" mais à ce temps de la grâce" LE TEMPS DE SON FILS UNIQUE , JESUS-CHRIST, Il n'habite plus dans de maisons faites de mains d'homme"

*C 'est-à-dire DIEU, auparavant il avait bésoin de la circoncision faite par la main d'homme" pour réceuillir une personne et l' appeler " son peuple"car c'était " LA MARQUE DE PERFECTION", mais à ce temps de la grâce, le temps DE SON FILS UNIQUE JESUS-CHRIST", IL A BESOIN DE VOIR " LA MARQUE DE PERFECTION, LE NOM DU FILS UNIQUE DE DIEU" sur le front de tout celui qui veut être appelé FILS D'ABRAHAM, PEUPLE DU DIEU VIVANT".

*celui qui se circoncis, fait ce qui es juste devant DIEU; celui qui ne se circonciis pas n'est pas aussi tenu pour un pécheur devant DIEU. Mais celui qui a LA MARQUE DE PERFECTION, LE NOM DU FILS UNIQUE DE DIEU, JESUS-CHRIST sur son front , est plus grand que celui qui est circoncis" de chair"

L'IMPACT DU BAPTEME DE FEU!

Ne sois jamais heureux CHRETIEN, si tu ne pas encore passé par le "baptême de feu". "la gloire vient après la souffrance!

Mon père, PAPA RICHARD me disait toujours DEDE (mon prenom aussi) ne sois jamais heureux car tu n'es pas encore passé par le feu". Je me dérrangeais en écoutant cela.

Je voyais que je souffrais déjà et quelle souffrance encore souffrir?...Mon père fut un grand *PROPHETE DE DIEU!*

Aujourd'hui ma joie est parfaite car *L'ESPRIT DE DIEU M' A BAPTISE DU BAPTEME DE FEU.*" Je suis habitué aux douleurs et par L'ESPRIT DE DIEU, je métrise mes douleurs, et le diable satan est toujours dans de sérieux maux de tête lorsqu'il me tente" et je sors toujours victorieux" par L' *ESPRIT DE JESUS-CHRIST* qui est toujours" avec MOI". Matthieu 4: 1-11

*Je bénis mon PERE JESUS-CHRIST pour son grand AMOUR pour moi. Sans JESUS-CHRIST, je ne pouvait plus être en vie jusqu'aujourd'hui; ce que je suis, est " la grâce", la faveur", la miséricorde", l'amour DE DIEU pour moi; le nom "DE JESUS-CHRIST EST LA VIE A MES POUMONS; le nom de JESUS-CHRIST"est mes éternités" le nom de JESUS-CHRIST est mon grand pouvoir", le nom de JESUS-CHRIST est ma richesse", le nom de JESUS-CHRIST est ma paix", le nom de JESUS-CHRIST est ma sécurité" , le nom de JESUS-CHRIST est la solution à mes problèmes" *LE NOM DE JESUS-CHRIST EST " LA VIE D' AKINI-DIEUDONNE.*

LES SOUFFRANCES TE FERONT HOMME, ET LES HOMMES DIRONT DE TOI: - VOICI L' HOMME!

*Que celui qui n'est pas encore passé par le feu" prie DIEU et dis: - MON PERE QUE TA VOLONTE SOIT FAITE DANS MA VIE. AMEN!

*Les souffrances m' ont appris d'autres choses que je n' ai pas appris de *mon PERE, PAPA RICHARD N'KONJI*. Voilà pourquoi,il est très beau de passer par le feu". MALGRE CELA: -"je suis l 'imprunte de RICHARD N'KONJI"

HONORE TON PERE! ET DIEU T'HONORERAS.

-ne soyez pas rebelles à vos péres, mais soumettez-vous à eux!

-d'un lion,Dieu peut faire sortir du miel!

-la justice quelque fois prend la forme de mechancété pour apporter la justice!

-les douleurs calment les douleurs!

-appele la patience père et elle te donnera la bénédiction d'un père!

Ecoute les paroles qui gardent l'homme de la mauvaise voie:

1.un homme de bien appèle son ennemi à table!

2.le sourir d'un soldat en guèrre indique la victoire!

3.que celui qui a bésoin de boire, boit du vin" et celui qui a bésoin de manger, mange du pain!

4.la prière d'un orphelin attire l' attention de DIEU et celle d 'une veuve attriste le Coeur DE DIEU et celle de l' etranger rappelle DIEU le passé!.

5.que celui qui écrit 1, apprends aussi à l'écrire un!

6. aime ton mari, femme! Afin que tu sois sauvée!

7. que celui qui veut vivre, mange son propre corps et boit son propre sang!

8. que celui qui est malade soit heureux car il a découvert le sécret de la guérison!

9. que celui qui n'a pas les pains , soit heureux , car il a le pain!

10. que celui qui veut se vetir se sert du modèle DE DIEU!

11. que la femme enceinte se glorifie non parcequ'elle a l'enfant mais plutôt parcequ'elle est enceinte!

12. les pleures d'un fils amène la justice d'un père!

13. celui qui se laisse giffler deux fois découvre l' amour DE DIEU!

14. c'est par la patience que la justice vient!

15. l'orgeuille facilite l' homme à être foulé aux pieds par les hommes! Et l'humilité attire les coeurs des hommes à l' homme humble!

16. la colère crie pour celui qui aime l'innoncense! Mais la paix crie pour celui qui aime la condamnation!

17. c'est par le père qu'un enfant réçoit l'héritage!

18. un enfant turbillant entèrre sa mère, et insulte les efforts de son père!

19. le mariage rend l' homme sufficant, mais les enfants témoignent qu'il est marié!

20. heureux celle ou celui qui n'arrive pas à donner naissance , car un roi naîtra de lui!

21. l' assurance élimine la chance d'échouer!

22. celui qui aime les femmes , est ami à la mort!

23. même le sage perd sa sagesse devant une femme mais la crainte DE DIEU garde l' homme de la femme étrangère!

24. celui qui aime l'argent est la proie du diable, satan

25. ne regarde pas la main qui est dans la poche de l'homme! Car beaucoup pleurent à cause de cela!

26. les lèvres d'une femme calment la colère du roi!

27. fermes tes yeux lorsque la femme étrangère est devant toi, car elle séduit par son corps!

28. un bon répas donne toujours à l'homme l'envie de manger dans sa maison!

29. celui qui mange avec beaucoup d' âppétit encourage sa femme à continuer dans la même allure!

30. celui qui veut être un avec DIEU, soit un avec son MARI!

*GARDE CE QUE TU AS ECOUTE, ET LA SAGESSE SERA TON AMI!

POURQUOI DIEU EST-IL CONTRE LA SORCELERIE,

LA MAGIE, LE FETICHISME, LA PRATIQUE

DES INTERDITS?

Un sorcier(re) , magicien(ne), féticheur, celui qui pratique les intérdits ne dévellope pas l'amour pour son prochain. *LES ABOMINATIONS sont leur nourriture".

DIEU veut que l'homme aime son prochain; pardonne la faute de son prochain, mais un sorcier se sert de la faute d'une personne pour *l 'envoûter (-ensorceler)

*Un sorcier n'aime jamais voir un couple heureux et il chèrche les fautes pour s'introduire dans de foyers. *Par le pouvoir qu'il a réçu du diable satan, il sème le désordre dans de foyer, par *des incomprhensions*infidilité ,etc... il est même capable d'enlever l 'amour du " mari pour sa femme et même pour ses enfants!

*Un sorcier peut même te donner une maladie incurable. C'est pourquoi, lorsque tu es au milieu d'un problème examine tes voies prémièrement! Lorsque tu vois tes fautes, pries à ton PÈRE de te pardoner, au nom de JESUS-CHRIST, et sers-toi de la mort " et de la résurrection de JESUS-CHRIST" contre le problème: *SERS-TOI DU CORPS ET DU SANG DU SEIGNEUR JESUS-CHRIST!*

* un sorcier peut faire disparaître tes résultats à l'école, à l'université , etc... lorsqu'il trouve une porte ouverte dans ta vie! Et lorsque tu te réconcilies avec ton PÈRE, sers-toi de la mort* et de la résurrection* de *JESUS-CHRIST: SERS-TOI DU CORPS ET DU SANG DU SEIGNEUR* JESUS-CHRIST!

-* un sorcier peut mêttre l'esprit de rébellion dans les enfants, lorsque l'homme et la femme ne sont pas un!" sois un avec ta femme, ton mari et la grâce DE DIEU couvrira tes enfants"

-*un sorcier peut bloquer tes affaires lorsque tu ne vis pas en paix avec ta femme, ton mari!

-*un sorcier peut mêttre sur toi *LA MARQUE DE CELIBAT*.lorsque tu as un fiancé, tu commences à être malade, et cela répousse l' homme à toi! Et après la fuite tu reviens en bon état!

-*un sorcier peut mêttre sur toi *LA MARQUE D'ECHEC* au point où tout ce que tu fais ne réussi jamais!..

-*un sorcier peut mêttre *LA MARQUE DE STERILITE* sur toi au point que tu ne donnes pas naissance à un enfant même lorsque tu tombes encèinte!

-*un sorcier peut mêttre sur toi *LA MARQUE DE LA MORT* et juste un maux de tête et tu meures!

-*un sorcier peut mêttre sur toi LA MARQUE DE PERTE. On te nomme aujourd'hui et demain tu es victime d'un accident et tu perds cette promotion!

-*un sorcier peut mêttre dans une personne * l'esprit d'impudicité* de vols* de mensonges* de désordre* d'adultère*, etc....

UN SORCIER SE NOURRIT DE LA CHAIR HUMAINE ET DU SANG HUMAIN

*DIEU N'A JAMAIS DONNE L'HOMME POUR NOURRITURE DE L'HOMME! ET LA SEULE NOURRITURE QUE DIEU NOUS DONNE EST * JESUS-CHRIST*

Un magicien aussi opère comme un sorcier, il se nourrit aussi de la chaire humaine* et du dang humain*

*TOUT CELUI QUI SE NOURRIT DE LA CHAIRE HUMAINE ET DU SANG HUMAIN A SA PLACE ENSEMBLE AVEC * LA BETE,* LE DRAGON, L'AUTRE BETE*, LA PROSTITUE*, les dieux de nations,…. DANS *L' ETANG DE FEU. APOCALYPSES 20:10.

ECOUTES! APOCALYPSES 20:10:- et le diable, qui les séduisait, fut jeté dans l'étang de feu et de soufre, où sont la bête et le faux prophète. Et ils seront tourmentés jour et nuit, aux siècles des siècles.

APOCALYPSES 20: 15:- quiconque ne fut pas trouvé écrit dans LE LIVRE DE VIE fut jeté dans l'étang de feu.

Les féticheurs, ceux qui pratiquent les intérdits participent aussi à table de démons et ils fonctionnent aussi en haine ils ont aussi part à l' étang de feu* car ils adorent le diable et ils ont LA MARQUE DE PERDITION 666, LE NOM DE LA BETE.

Maintenant que tu écoutes la voix DU SEIGNEUR JESUS-CHRIST, rénonces à la magie, la sorcellerie*, le fétichisme*, à la pratique des intérdits pour avoir part à la vie* pour être juge DE DIEU* pour juger satan qui t'a retenu pendant longtemps en sérvitude!

Tu sais bien que le diable satan te démande de faire de chose que *TA CONSCIENCE DETESTE*! Cependant viens à Jesus-CHRIST, il n'est pas trop tard; Le Seigneur JESUS-CHRIST restaurera ta vie; il restaurera ta progéniture; il restaurera ta personne ;il restaurera ta famille; JESUS-CHRIST restaurera tout ce que tu as sacrifié au diable*

LE SANG DU SEIGNEUR JESUS- CHRIST RAMENE A LA VIE TOUT CE QUI EST MORT

Prends tes instruments de travail, tes livres et amènes-les devant LE DIEU VIVANT pour être brûlés, et que tu aies part au salut qui est en JESUS-CHRIST, LE FILS UNIQUE DU DIEU VIVANT.

Toi qui es sorcier, n'oublies pas à couper ton ongle de travail pour être brûlé*. Si tes cheveux sont des serpents (-scorpions) coupent-les aussi pour être brûlés*- coupes tout les ongles qui te sers comme instrument*

LE SANG ET LE CORPS DU SEIGNEUR JESUS-CHRIST brûlera toutes choses qui sont dans ton ventre:* serpents, scorpions etc.... et tu seras réelllement libre du diable, satan*

Mon frère, ma soeur, d'après tout ce que tu as lis:

Qui est bon entre Dieu et satan*?*

Moi, Akini Tenzapa Dieudonne, je prefère Dieu car ses commandements sont meilleurs et pleins d'amour.*

Mon frère, ma soeur, j'aimerais que vous completez la phrase ci-dessous!

en la completant, vous declarez devant Dieu et satan* qui est votre maître*. Matthieu 6:24*

Moi,................................, Je prefère............. car ses commandements sont meilleurs et pleins d'amour.

COMMENT RESSUSCITER UN MORT TUÉ PAR UN SORCIER, MAGICIEN, FETICHEUR ETC...

Ecoute l'enseignement *DU SAINT –ESPRIT:*

-*D' autres morts ne sont pas mort sous la volonté *DE DIEU!*

-*Le daible satan est aussi dans sa cour judiciaire pour condamner les hommes!

Le diable, satan ne veut pas être seul dans l'étang de feu avec les démons; il veut aussi que les hommes soient avec lui.

les sorciers, les magiciens, les féticheurs, etc...sont des juges pour le diable, satan sur terre. Etant donné leur maître* a la puissance de la mort, directement, ils ont aussi le pouvoir de tuer quiconque marche à la désobéissance *AU DIEU VIVANT.*

Le tavail de ces gens-là, est de surveiller tout les mouvements des hommes! Ils peuvent te controller même à distance, ils placent de cameras, de micros*, etc... pour enregistrer tout ce que tu fais fait* et dit* dans le but de construire ton dossier pour te tuer avec raison*(- les cameras, - les micros etc... peuvent être les toiles d'aregnée, les fourmis, de choses que tu ne peux pas faire attention, etc...)

Ecoute! Je vous ai dit que la place des esprits impurs sont dans de lieux impurs, n'est-ce-pas?

Vous savez! Ces insects impurs, les réptiles impurs, les oiseaux impurs, les animaux impurs, etc... sont de demeures de sorciers*, de magiciens*etc....

LE DIABLE, SATAN S'EST INCARNE DANS LE SERPENT POUR ALLER VERS L'HOMME ET SA FEMME POUR LES TUER!

De même, ces gens-là, s'incarnent dans des insects impures, les réptiles impurs, des oiseaux impurs, des animaux impurs pour aller vers l'homme enfin de *LE TUER SPIRITUELLEMENT OU PHYSIQUEMENT!*

*N' avez –vous jamais vu un porc tuer un enfant? (-ou des insectes,-des animaux-des reptiles causser la mort aux hommes?)

Les parents qui ne sont pas un permettent ces gens-là de détruire leurs enfants et leurs biens!

Ecoute! En s'incarnant, ils visitent des maisons, et ils opèrent! Ils peuvent envoûter tes appareils pour lesvdetruires; ils opèrent à la manière qu'ils veulent!

*-TA CRAINTE DE DIEU EST * LA COUVERTURE DE TES ENFANTS!*

ECOUTE MAINTENANT! : - celui qui a connu le Seigneur *JESUS-CHRIST* et meurt, n'est pas mort IL S'EN DORT!

-D'autres morts, sont morts; sont ceux-là que DIEU frappe lui-même à cause de leurs abominations!

-D'autres morts, sont morts; ceux-là que le diable, satan tue par ses serviteurs(magiciens, sorciers, féticheurs,etc...)

Ecoute la bonne nouvelle! *LE SANG DU SEIGNEUR JESUS-CHRIST RESSUSCITE CEUX-LA QUE LE DIABLE SATAN TUE!*

Lorsque ces gens-là tuent, ils gardent l'esprit de la personne quelque part: - sur un arbre! Etc...

**-LORSQUE QUELQU'UN À COTE DE TOI MEURE subitement sans une raison valable, ne te mets pas à pleurer! impose-lui la main et commençe à * proclamer la rédemption de son esprit* par le sang de l'agneau de Dieu Jesus!*

-aie la foi dans le sang de l'agneau de Dieu Jesus, pries jusqu' à ce que qu'il reviendra en vie. son esprit est juste lié quelque part." invoque le sang du Seigneur Jesus-christ l'agneau de Dieu et tu verras le resultat!

-Dieu se sers toujours du sang pour epargner la mort aux hommes. exode 12: 1-13

-Je ne vous parle pas de quelque chose que j'espère mais plutôt, de ce que j'ai pratiqué un jour!

J 'AI DEJA VU LE SANG DU SEIGNEUR JESUS-CHRIST RESSUSCITE UN MORT PAR MA MAIN!

ECOUTE L'HISTOIRE! : -une nuit pendant qu'on priait au salon, une pétite fille GEMIMA(3 ans- 4 ans) sortait de la chambre, et lorsque j'ai tourné mes yeux vers elle, je lui ai vu *PIQUER CRISE* et tombée par terre; et lorsque j'ai couru vers elle," ses yeux étaient vers le haut, le sang fermenté dans sa bouche et au nez*, et son corps fut réfroidit*. *ELLE FAISAIT LES DERNIERS ARRETS DU COEUR.!*

Et j'ai demandé à personne de paniquer(j'étais en charge cette nuit-là , à l'abscence du Pasteur en charge). Et j'ai demandé à mon frère SAMUEL-PHOBA, de transporter la pétite GEMIMA et j'ai ordonné à tout le monde d'invoquer *LE FEU DE DIEU pour consumer L'AUTEL DE SACRIFICE. Et j'ai dit à mon frère, INVOQUONS LE SANG DE JESUS-CHRIST,*et j'imposa et garda ma main sur sa tête. * après quelques minutes la jeune fille est révenue en elle* et vite j'ai courru dans la chambre où était la jeune fille pour faire sortir 3 ou 4 pétits sorciers qui étaient-là. On se préparait pour leurs délivrances. Nous les avions réveillés, mais un, ne se réveillait pas. J'ai bougé le pétit garcon, je l' ai soulevé, j' ai même frappé sur sa tête avec force, il ne se réveillait toujours pas, son corps était comme celui d'un mort, il ne sentait absolument rien!Et un autre enfant me dira: -il est déhors avec un groupe de gens pour tuer GEMIMA!

Et j'ai encore ordonné à tout le monde d' invoquer le feu sur ce groupe là; moi et l'homme DE DIEU SAMUEL PHOBA invoquions LE SANG DE JESUS. Ma main était aussi sur sa tête et le pétit garcon se réveilla du sommeil*!

Et tous, nous allions au salon. La pétite GEMIMA piqua encore une crise!- le sang fermenté dans sa bouhe et au nez, les yeux vers le haut; et nous reprîmes l' intercéssion et cette fois-là, c'était une guèrre visible* les châuves souris ont envahi le salon et Vôlant tout autour. Cet évenement dépuis la prémière crise de GEMIMA a pris quelques heures d' intercéssion et après 3 heures du matin , j'ai dit à l'homme DE DIEU SAMUEL PHOBA , de conduire l'enfant GEMIMA à l'hopital car l'enfant était devenu pâle et nous sortâmes, ma main toujours sur sa tête; nous avions marchés à pieds jusqu'à une dispensaire et la pétite GEMIMA fut pérfusée et rétabli à normal.

Je ne sais pas si la pétite GEMIMA peut réconnaître cette nuit-là , mais du moins sa maman était-là et son père fut informé de cela.

*CROIS-TU MAINTENANT QUE LE SANG DU SEIGNEUR JESUS-CHRIST RESSUSCITE?

-VOICI COMMENT PRIER! - EX: - GEMIMA EST MORTE!

-Je réclame l'esprit de GEMIMA par la puissance du Sang de Jesus-Christ*, GEMIMA vis par la puissance du Sang Du Seigneur Jesus-Christ.

NB: - répetes ses paroles jusqu'à ce que que la personne réviendra en vie.

-Parles de merveilles qui est dans le SANG DE JESUS-CHRIST.

-La prière de la foi* t'amèneras à voir la résurrection.

Même après quelques jours, la résurrection est possible, étant donné que le Seigneur JESUS vit en toi. Le Seigneur JESUS-CHRIST a réssuscité LAZARD après 4 jours, et comme il vit en toi directement tu as aussi le pouvoir de réssusciter un mort après plusieurs jours CAR *LE SANG EST DEJA REPANDU! LE SANG DE REDEMPTION, LE SANG DE JESUS-CHRIST *.*

Ecoute encore une chose! Au jour de la résurrection du Seigneur JESUS-CHRIST les tombes ont voumis les gens et ils sont allés dans des villes pour vivre encore sur terre!

LE FEU DE DIEU

C'est par le feu que le diable, satan sera jugé; et nous chrétiens DIEU nous a établi de juges sur satan et tout son royaume. cépendant, nous avons le pouvoir d'invoquer *LE FEU DE DIEU* sur satan , les démons ,etc...

Ecoute: - le feu est une arme* aussi très éfficace pour ceux *Qui ont LE DIEU D'ABRAHAM, D'ISAAC, ET DE JACOB POUR PERE!*

VOILA COMMENT PRIER! :- par l'autorité que le Seigneur JESUS-CHRIST m'a donné, j'invoque *LE FEU DE DIEU, LE FEU DE JUGEMENT* pour déscendre du ciel en pluie sur tous ceux

Qui me font la guèrre* Dans ma famille, dans mon travail à l'école, à l'université etc...

J'invoque LE FEU DE DIEU pour consumer l'autel de sacrifice élevé contre moi par les sorciers(-magiciens Féticheurs, etc..) pour me tuer!

NB: vous écouterez plus de détails sur *le FEU DE DIEU*

Dans LE DISCOURS D' AKINI:

" *NOUS SOMMES COMME*

DIEU POUR

LA CONNAISSANCE DE VIE"

Que peut faire un sorcier(magicien, feticheurcelui qui pratique les interdits) pour reparer sa relation avec Dieu?

Je crois que j'ai déjà répondu à cette question si vous avez lu du débit jusqu'à ce niveau. Je vous ai montré que DIEU est *AMOUR*, qu'il aime aussi ces gens-là et nous aussi, qui sommes sauvés, nous avons le devoir de les aimer.

Le Seigneur JESUS-CHRIST NOUS DIT: - Aimez vos ennemis,- bénissez ceux qui vous maudissent,-faites du bien à ceux qui vous haissent, et priez pour ceux qui vous maltraitent et qui vous pérsecutent, afin que vous soyez fils de votre père qui est dans les cieux; car il fait lêver son soleil sur les méchants et sur les bons, et il fait pleuvoir sur les justes et sur les injustes. Si vous aimez ceux qui vous aiment, quelle récompense méritez-vous? Les piblicains aussi n'agissent-ils pas de même? Et si vous saluez seulement vos frères, que faites-vous d'extraordinaires? Les paiens aussi n'agissent-ils pas de même? Soyez donc parfait comme votre PERE céléste est parfait. MATTHIEU 5: 44-48

Que celui qui a LA MARQUE DE PERDITION lêve ses yeux sur LA CROIX DE JESUS-CHRIST, pour que LE SANG DU Seigneur JESUS-CHRIST éfface ses péchés et la marque de pérdition 666, le nom de la bête.

la folie de Dieu est plus sage que les hommes et la faiblesse de Dieu est plus forte que les hommes!. 1 coreinthiens 1: 17-25

Sers-toi de tes yeux pour aller vers celui qui a l'onction de Dieu, afin que tu deviennes aveugle au nom de Jesus-christ et que le corps et le sang de Jesus-christ t'ouvrent les yeux pour manger de l'autre arbre: - l'arbre de vie*.

Le corps de Jesus-christ et le sang de Jesus-christ est la nourriture que Dieu* donne a l'homme aux siècles de siècles!

Ne crains pas le diable*, satan tu ne mourras point * si tu acceptes de confesser tes péchés car le Seigneur Jesus-christ lui-même te protégera contre la mort (- contre satan*)

N'oublies pas que la terre est le marche-pied DE DIEU c'est-à-dire le Seigneur JESUS-CHRIST marche sur satan et tout son royaume !

Que LE DIEU qui m'est apparu dans *LE FEU* témoigne sa parole par de grands signes dans ta vie et sur toute la terre au nom de son *FILS UNIQUE JESUS-CHRIST. AMEN*

Ce message n'est pas le fruit de mon imagination mais plutôt une révélation divine.

Nb: - renseignez –vous toujours aux contacts sur page/ 6, pour la publication du discours d"akini: "Nous sommes comme Dieu pour la connaissance de vie"

www.ingramcontent.com/pod-product-compliance
Lightning Source LLC
Chambersburg PA
CBHW071358290426
44108CB00014B/1598